同一労働同一賃金に対応！
トラック運送業
賃金制度設計の実務

共著 | **西川幸孝**
株式会社ビジネスリンク 代表取締役
経営人事コンサルタント・特定社会保険労務士

佐藤 誠
株式会社ビジネスリンク 取締役
人事コンサルタント・特定社会保険労務士

日本法令

はじめに

　ホワイトカラーなどのメンバーシップ型雇用を前提とした賃金制度構築のノウハウ本は数多く出版されているが、典型的なジョブ型賃金であるトラックドライバーの賃金制度構築を解説した実務書は非常に少ないのが現状である。

　弊社は、これまでトラック運送業の賃金制度構築に比較的多く関わってきたが、取組みを始めた頃、制度設計の参考となる書籍が少ないことにとまどった記憶がある。トラック運送業各社も、手探りで独自の工夫を重ねながら賃金制度を構築してきたことと想像される。

　2020年4月1日より、同一労働同一賃金を求める法制度が施行された。政策目的は正規労働者と非正規労働者の間の不合理な待遇格差を是正しようとするものだが、典型的なジョブ型雇用であるトラックドライバーの賃金制度は、同一労働同一賃金の考え方の影響を強く受ける。つまり、法的な制約条件や考慮すべき要素が多くなり、賃金設計の難易度も増すことになったのである。

　このような状況から、トラック運送業の賃金制度構築の参考書籍が必要であると考え、今回の出版に至った次第である。本書の企画実現にサポートいただいた日本法令佐藤滋生さん、編集作業を担当いただいた三木治さんに感謝申し上げる。

　なお、今回の執筆は、幸いにも弊社取締役である佐藤誠と共著の形をとることができた。

　本書の特徴をいくつか紹介しておく。

　まず、賃金設計手順を明確に示した。賃金制度設計は、合理的な手順を踏まないと、手戻りが多く混乱することになるのでこの点は重要なポイントである。賃金設計手順だけでなく、合意プロセスや導入プロセスについても解説した。

　将来変更が比較的行いやすい規定に基づく賃金制度としたことも挙

げられる。トラックドライバーの賃金は、人手不足もあって月例賃金をできる範囲で高く設定せざるを得ないので、経営環境が変化した際に不利益変更の問題が出てくる。労働条件の不利益変更は同意によることが原則だが、やむを得ず同意なく就業規則・賃金規程の変更により行わざるを得ない場合があるが、それについての考え方・方法についても解説した。また、不利益の幅が大きい場合の激変緩和措置の設定方法も示した。

　当然のことながら、コンプライアンス遵守を前提としている。その重要な課題の1つが割増賃金未払いの防止である。長時間労働が常態化しやすいトラックドライバーに対して、割増賃金未払いを起こさないことは実際には難易度が高いテーマである。そのため、定額残業代などの含み型割増賃金を採用せざるを得ない場合がある。含み型割増賃金の適法性に関しては司法の判断が分かれる部分もあるが、労使双方にメリットになる場合もあり、現時点で採用が可能と思われる範囲でその方法を示した。ただし、その機能を否定されるリスクがあることを認識していただいた上で、必要な範囲に限って活用いただきたい。

　トラック運送業でしばしば使われる歩合給についての法的側面やその具体的な活用方法を解説した。歩合給については、「改訂版　マネジメントに活かす歩合給制の実務」（西川幸孝著　2020年日本法令）で詳述したが、本書ではそこからの引用をいくつか行っている。さらに詳しい内容についてはそちらを参照していただきたい。

　なお、第1章はトラック運送業をめぐる一般的な状況について述べている。賃金制度の内容から入りたい方は、第2章からお読みいただければと思う。

　本書が、合理的な賃金制度構築を目指すトラック運送業各社や、それをサポートする専門家に少しでもお役に立てば幸いである。

2020年5月　　　　株式会社ビジネスリンク

　　　　　　　　代表取締役　経営人事コンサルタント　西川幸孝

Contents

はじめに

第 1 章　課題山積のトラック運送業

第3章　賃金制度設計手順

第4章　賃金制度改革事例

おわりに

※賃金構造基本統計調査（賃金センサス）のデータについて

　賃金構造基本統計調査は、厚生労働省が毎年行っている労働者の種類ごとの賃金に関する統計調査で、一般に賃金センサスとも呼ばれており、本書では基本的にその呼称を用いる。

　また、本書では、賃金センサスの調査結果による月収、年収の数値を使用しているが、その内容は以下のとおりである。

・月収＝「きまって支給する現金給与額」

　「きまって支給する現金給与額」とは、調査年の6月分として支給された現金給与額で、ここには基本給、職務手当、精皆勤手当、通勤手当、家族手当などが含まれるほか、超過労働給与額（残業代）も含まれる。

・年収＝「きまって支給する現金給与額」×12月＋「年間賞与その他特別給与額」

　「年間賞与その他特別給与額」は調査前年1月〜12月に支給された「賞与、期末手当等」の合計額で、あくまで年収は概算値である。

　なお、同調査においては、年齢階層は5歳刻みになっており、本書で年齢別賃金のグラフを作成する際には、筆者が5歳刻みの階層における賃金額に演算処理を加えて、1歳刻みの賃金額に修正を施している。

　賃金センサスでは、その調査項目によって都道府県別のデータが公表されているものと、そうでないものがある。都道府県別のデータが公表されていないものに対して、筆者が全国データに地域係数をかけて補正した数値を当該都道府県データとして示した箇所がある。なお、地域係数は、「該当都道府県の全労働者年収」÷「全国全労働者年収」により求めた。

第1章

課題山積の
トラック運送業

1 トラック運送業界の現状、経営環境

　トラック運送業は国内物流の基幹的役割を果たしており、私達が生活していく上で必要な物資のほとんどはトラックにより輸送されている。

　日本のトラック運送事業の市場規模は約16兆円であり、生活と経済のライフラインとして、産業活動や国民生活に不可欠な存在となっている。少子高齢化が進み、近年日本経済が緩やかな回復基調を続けてきたこともあって、どの業界でも人材不足が大きな経営課題となっているが、トラック運送業界においてもドライバー不足が深刻な状況にある。

　全国トラック協会の調査によると、平成28年度決算では、ドライバー人材不足と労働関係規制の強化を理由とする運賃・料金の引上げおよび燃料価格下落によるコスト削減が営業利益改善に寄与したが、人材不足による影響により人件費コスト上昇、傭車費用の増加により、前期と同様に業績改善は限定的となったとされている。

　運賃・料金の引上げは、荷主側の都合もあり簡単には進まないが、一方でドライバー人材不足と労働関係法制の規制強化は着実に進むと考えられる。現時点で収益が改善傾向にある企業においても、徹底したコスト管理を行う一方で、次世代を担う人材の育成をするなど、継続した経営体質改善への取組みが求められている。

　典型的な労働集約型であり、また、中小企業が99％を占めるトラック運送業界において、賃金制度の適正化は経営の最重要課題であるといえる。働き方改革も始まった今、持続可能な経営を実現するために、賃金制度改革に取り組む必要があると考えられる。

2 人手不足

○ 少子・高齢化の進展と若年労働力不足

厚生労働省の統計によると、道路貨物運送業の賃金は全産業平均に比べて低い水準で推移している。その一方で、トラックドライバーの年間労働時間は、全産業と比較して長時間となっている。

総務省の調査によると、平成30年現在、トラック運送事業に従事する就業者数は全体で約193万人、このうちドライバー等輸送・機械運転従事者は86万人であり、ここ数年横ばいで推移している。

また、トラック運送事業を含む自動車運送事業は、中高年層の男性労働者に依存しており、40歳未満の若い就業者数は全体の約27%である一方で、50歳以上が約42%を占めるなど高齢化が進んでいる。

さらに、女性の比率も就業者全体で19.7%、輸送・機械運転従事者で2.3%と低い状況にある。

① 年間収入額の推移

トラックドライバーの年間収入額は、全産業平均と比較して、大型トラック運転者で約1割低く、中小型トラック運転者で約2割低い。

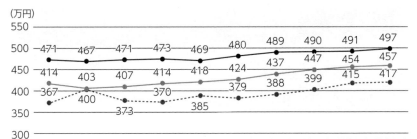

（万円）

出典：賃金構造基本統計調査（賃金センサス）「職種別第1表　職種別きまって
支給する現金給与額、所定内給与額及び年間賞与その他特別給与額から算
定」

②　年間労働時間の推移

　トラックドライバーの年間労働時間は、平成30年は全産業平均と
比較して、大型トラック運転者で456時間（月38時間）長く、中小
型トラック運転者で444時間（月37時間）長い。

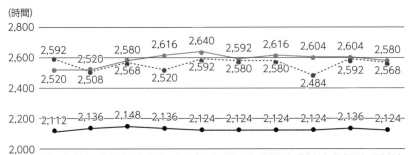

（時間）

出典：賃金構造基本統計調査（賃金センサス）「職種別第1表　所定内実労働時
間数＋超過実労働時間数」

③　道路貨物運送業 年齢階層別就業者構成比

　道路貨物運送業就業者全体の年代別割合を見ると、平成30年においては、40歳未満の就業者数が全体の約27％であるのに対して、50歳以上が約42％を占めており、この10年で高齢化が進んできた。トラックドライバーの年齢も同様の傾向があると推察される。

　タクシー業界においても同様の傾向があるが、トラック運送業経営者の話をうかがうと、ドライバーの高齢化について危機感が持たれていることが多い。

	10代	20代	30代	40代	50代	60代
平成21年	0.5%	11.8%	27.4%	26.3%	21.0%	12.9%
平成22年	0.5%	11.0%	27.1%	27.6%	19.9%	13.8%
平成23年						
平成24年	0.5%	9.3%	23.6%	30.2%	21.4%	14.8%
平成25年	0.5%	9.2%	22.2%	30.8%	21.6%	15.7%
平成26年	0.5%	8.6%	21.1%	32.4%	22.2%	15.1%
平成27年	0.5%	8.5%	20.7%	33.0%	22.9%	14.4%
平成28年	0.5%	8.6%	18.7%	32.6%	23.5%	16.0%
平成29年	0.5%	7.9%	18.0%	32.3%	24.9%	16.4%
平成30年	1.0%	8.2%	17.9%	31.3%	25.1%	16.4%

■10代　20代　30代　40代　■50代　60代

出典：総務省「労働力調査」「産業別就業者数　道路貨物運送業」

④　道路貨物運送業 就業者数の推移

　トラックドライバーの就業者数は約86万人と横ばいで推移している（次ページ図表参照）。

年	道路貨物運送業					
	就業者数（万人）			輸送・機械運転従事者数（万人）		
	総数	男	女	総数	男	女
2018 年度	193	155	38	86	84	2
2017 年度	191	156	35	83	81	2
2016 年度	188	153	35	83	81	2
2015 年度	185	151	34	80	78	2
2014 年度	185	151	33	83	81	2
2013 年度	187	153	34	84	83	2
2012 年度	182	150	32	83	81	2
2011 年度	–	–	–	–	–	–
2010 年度	181	148	33	79	77	2
2009 年度	185	152	33	80	78	2

出典：総務省「労働力調査」「道路貨物運送業における輸送・機械運転従事者数」

⑤　トラガール

　現在、トラックドライバーに占める女性比率はわずか2.3％（約2万人）にとどまっているが、大型免許を保有する女性は全国に13万4千人以上にのぼり、トラックドライバーを職業の選択肢として考える女性は潜在的には一定程度見込めると考えられる。しかしながら、現役の女性ドライバーからは、女性であることのみを理由に就職を断られたといった声や、配送先等において女性用トイレが整備されていないといった声が上がっており、女性を雇うことについての経営者の意識改革や女性が働きやすい労働環境の整備、業界イメージの改善が喫緊の課題となっている。

　このため、国土交通省では、2014年をトラックドライバーの「人

材確保・育成元年」と位置づけ、トラック運送業界における女性の活躍を促進していくため、女性トラックドライバーを「トラガール」と名付けるなど積極的な情報発信や経営者に対する働きかけなどを行っている。

⑥　職業別有効求人倍率

　この10年間においては、有効求人倍率は右肩上がりであり、トラック運送業が含まれる「運送・機械運転の職業」は、全職業の数値と比較して特にその傾向が強くなっている（**図表1-1**）。

　その要因として、日本全体が抱える少子化や高齢化も考えられるが、トラック運送業に限っていえば、運転免許証制度の改正により大型自動車を運転できる資格者が減っていること（特に35歳未満で顕著、次ページ**図表1-2**、23ページ**図表1-3**）やEコマースの進展により宅配便などの取扱い個数が激増していること（24ページ**図表1-4**）が挙げられる。

◆**図表1-1　職業別有効求人倍率（パートタイムを含む常用）**

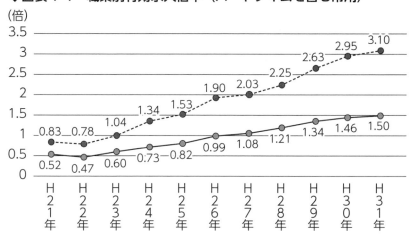

出典：厚生労働省　職業別一般職業紹介状況［実数］（常用（含パート））

◆図表 1-2　年齢別・種類別運転免許現在数（男女計）

(単位：人)

年齢 ＼ 種類	大型	中型	準中型	普通
16－19	215	0	38,605	704,776
20－24	33,142	47,310	3,583,045	981,719
25－29	96,272	207,575	4,899,359	128,361
30－34	164,417	4,427,771	1,616,360	74,110
35－39	273,027	6,332,918	454,810	49,958
40－44	425,810	7,638,145	271,384	31,921
45－49	534,428	8,216,571	168,402	21,133
50－54	493,270	7,013,598	92,564	13,050
55－59	443,652	6,195,865	57,179	9,180
60－64	427,587	5,828,055	40,878	7,099
65－69	504,820	6,349,309	33,937	7,590
70－74	454,498	4,744,082	22,363	7,337
75－79	270,429	2,779,463	15,739	8,398
80－84	100,625	1,321,225	20,559	7,296
85 歳以上	20,197	496,578	14,948	4,232
合計	4,242,389	61,598,465	11,330,132	2,056,160

注：2 種類以上の運転免許を保有している者は、上位の運転免許（本表の
　　左側となる運転免許）の欄に計上している。

出典：警察庁交通局運転免許課　運転免許統計（平成 30 年版）

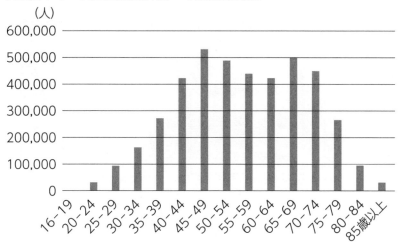

◆図表 1-3　大型運転免許証　年齢別保有数

出典：警察庁交通局運転免許課　運転免許統計（平成 30 年版）

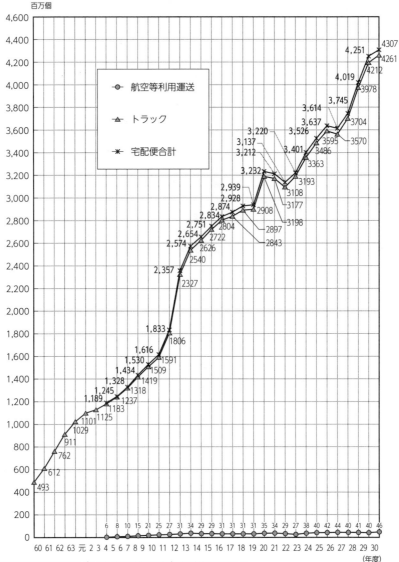

注1）平成19年度からゆうパック（日本郵便㈱）の実績が調査の対象となっている。
注2）日本郵便㈱については、航空等利用運送事業に係る宅配便を含めトラック運送として集計している。
注3）「ゆうパケット」は平成28年9月まではメール便として、10月からは宅配便として集計している。
注4）佐川急便㈱においては決算期の変更があったため、平成29年度は平成29年3月21日〜平成30年3月31日（376日分）で集計している。

出典：国土交通省　「平成30年度　宅配便等取扱個数の調査及び集計方法」

また、トラック運送業に限らずどの業種でも人手は足りていないため、求職者は業種を超えて転職できる環境にある。トラックドライバーが金銭的に飛び抜けて魅力がある仕事ではなくなった現在、新たに運送業でドライバー職に就く新規参入が少ない中、一定のパイを運送業者間で取り合っている状態にあるといえる。

3 働き方改革関連法

2018年6月に働き方改革関連法が成立し、2019年4月1日以降順次施行されている。大きく分けて「労働時間法制の見直し」と「雇用形態に関わらない公正な待遇の確保（同一労働同一賃金）」に区分される。

ここでは働き方改革関連法の内容、検討すべき項目、対応策などをトラック運送事業者に関連する部分に絞って確認していくこととする。

（1）　働き方改革関連法の全体像

①　労働時間法制の見直し

働き過ぎを防ぐことで、働く方々の健康を守り、多様な「ワーク・ライフバランス」を実現できるようにすることが政策の狙いである。

内　　容	施行時期
1. 残業時間の上限を設定	2019 年 4 月 1 日（大企業） 2020 年 4 月 1 日（中小企業） **2024 年 4 月 1 日（自動車運転の業務）**
2. 1 人 1 年あたり 5 日間の年次有給休暇の取得が、企業に義務づけられた。	2019 年 4 月 1 日
3. 月 60 時間を超える残業は、割増賃金率が引き上げられた（25% → 50%）。 ・中小企業で働く者にも適用（大企業は 2010 年度から既に実施済）	2023 年 4 月 1 日（中小企業）
4. 労働時間の状況を客観的に把握するよう、企業に義務づけられた。 ・働く人の健康管理を徹底 ・管理職、裁量労働制適用者も対象	2019 年 4 月 1 日

②　雇用形態に関わらない公正な待遇の確保（同一労働同一賃金）

　同一労働同一賃金の導入は、同一企業・団体におけるいわゆる正規雇用労働者とパートタイマーや派遣労働者などの非正規雇用労働者の間の不合理な待遇差の解消を目指すものである（施行時期：大企業は 2020 年 4 月 1 日、中小企業は 2021 年 4 月 1 日）。

・中小企業とは…資本金と従業員数のいずれかを満たせば中小企業に該当する

業　種	資本金（出資）または従業員数
小売業（飲食業を含む）	資本金 5,000 万円以下 または 従業員 50 人以下
サービス業	資本金 5,000 万円以下 または 従業員 100 人以下
卸売業	資本金 1 億円以下 または 従業員 100 人以下
その他の業種(トラック運送業)	資本金 3 億円以下 または 従業員 300 人以下

(2) 労働時間法制見直しの内容の詳細、検討すべき項目、対応策

　実施される項目ごとの内容、検討すべき項目、対応策は以下のとおりである。施行期日まで時間的猶予がある項目もあるが、例えば残業時間を削減するという構造改革を行うには相当の時間とパワーが必要となる。早めの対策が望まれるところである。

① 残業時間の上限規制

　これまで自動車運転の業務については、「時間外労働の限度に関する基準（平成 10 年労働省告示第 154 号）」により、時間外労働や休日労働の時間数に関する制限は適用されてこなかった。

　ただし、その代わりに「自動車運転者の労働時間等の改善のための基準（改善基準告示）」が規定され、実質的にはこの告示の範囲内で時間外労働や休日労働の時間数の上限が定められていたという体系であった。

　今回の働き方改革では、一定期間の猶予があるものの、自動車運転の業務についても一般事業と同様に時間外労働および休日労働の時間数に上限が設けられることになった。

参考までに掲げると、一般事業における時間外労働および休日労働の上限規制は次のとおりであり、下記（A）は従来どおりだが、（B）については新たな規制として、2019 年 4 月 1 日（中小企業は 2020 年 4 月 1 日）より施行された。

（A）残業時間の上限は、原則として月 45 時間・年 360 時間（1 年単位の変形労働時間制を採用する場合は月 42 時間・年 320 時間）

（B）臨時的な特別な事情があって特別条項付き 36 協定を締結し所轄労働基準監督署へ届け出た場合であっても時間外労働等の上限は以下のとおりとする。

　　① 時間外労働年 720 時間以内

　　② 時間外労働＋休日労働で月 100 時間未満

　　③ 時間外労働＋休日労働で 2〜6 か月平均 80 時間以内

　　④ 時間外労働が月 45 時間（1 年単位の変形労働時間制を採用する場合は月 42 時間）を超えることができるのは年 6 か月まで

　自動車運転の業務はこれらについて適用除外の扱いであるが、2024 年 4 月 1 日以降、①に関連する規制が加わり、年間の時間外労働の上限が年 960 時間となる。②③④は適用されない。

　一般事業のように 1 か月間や 2〜6 か月平均などの制約がない分、自律的な管理を行うことが重要になってくる。1 年の集計期間終了間際になって上限時間に接触するため時間外労働が一切できないなどということがないよう、毎月計画的に時間外労働および休日労働の時間管理を行っていく必要がある。

　上記のとおり、残業させることができる時間に上限が設定された。労働時間の短縮を図るためには、要因分析、見える化、標準化、多能工化などの業務改革を行わなければならず、また、自社だけでなく荷主の協力も必要と考えられるため、猶予期間のうちに早めに対策を行う必要がある。

② 年次有給休暇の5日取得義務

年次有給休暇については、実務的な対応が求められる法改正となった。今後は年次有給休暇が10日以上付与される従業員に対し、5日については、付与日から1年以内に、以下のいずれかの方法により年次有給休暇を与えなければならない。

（ⅰ） 従業員からの申出により5日取得させる。

（ⅱ） 従業員に取得希望時期の意見を聞き、その意見を尊重して取得時期を会社が指定する（意見を聞くことは義務だが、会社がその意見どおりに取得時期を指定しなくてはならないわけではない。また、この方式を選択する場合、原則として就業規則にその旨の規定を追加する必要がある）。

（ⅲ） 「計画付与」のしくみを活用し、有給休暇の取得時季を会社が指定する。
ここでの計画付与とは、あらかじめ従業員代表と労使協定を締結し、具体的に日程を指定するまたは指定するしくみを協定する方法をいう。なお、この労使協定書は、労働基準監督署へ届出する必要はない。

上記のように会社が取得時期を指定する方法は2通りある。意見を聞く必要はあるが、労使協定を締結する必要がないため（ⅱ）のほうが取り組みやすいと考えられる。なお、所定労働日や所定労働時間が少なく、比例付与の対象となっているパートタイマー等でも、勤続年数によっては、年休付与日数が10日以上になる場合があることから、本制度の対象となり得る。

また、各従業員の年次有給休暇の取得状況を確実に把握するため、会社は年次有給休暇の管理簿を作成することが義務づけられた。

現実には、これまで年次有給休暇の取得を抑制してきた会社も存在すると思われるが、強行法規である労働基準法の改正により、取得させることが使用者の義務になった。正社員のみならずパートタイマー

等も含めて、年次有給休暇の取得ルールを確立し、シフト管理上もコストにおいても、それを見込んでいかなくてはならない。

まずは、自社の年次有給休暇の取得状況を確認することが重要である。多くの者が年5日は取得できているのであれば、取得できていない者への取得を促進するアプローチを行うという対応で規制はクリアできる可能性がある。しかし、取得状況が低い場合には、従業員の意見を聞き会社が年次有給休暇取得日を指定する、もしくは計画付与により全社一斉、部署部門ごと、個人ごとの指定方法を検討していく必要がある。

③ 月60時間超残業の割増賃金率を引上げ（大企業は2010年度から既に実施済）

これまで中小企業に猶予されてきた、1か月60時間超の残業割増賃金率が2023年4月には50％に引き上げられる。なお、50％に引き上げられるのは60時間超部分のみであるため、例えば合計80時間の残業時間であった場合では、60時間までは125％、残りの20時間について150％支払えば足りる。

割増賃金率を引き上げることで、経済的にも長時間労働を削減するよう働きかけを行うという改正である。今後、賃金制度改革を行う際には、60時間超部分を50％増しとして検討を行っていく必要がある。

④ 労働時間の客観的な状況把握

健康管理の観点から、裁量労働制が適用される者や管理監督者も含め、すべての者の労働時間の状況を客観的な方法その他適切な方法で把握するよう法律で義務づけられた。この法改正には、労働時間の状況を客観的に把握することで、長時間働いた従業員に対する医師による面接指導を確実に実施できるようにする目的もある。

トラック運送業では裁量労働制を採用しているケースはほとんどないと思われるが、管理監督者は一定割合存在する。これまでは深夜労

働時間以外の労働時間を管理していなかったケースも少なくないと考えられるが、これからは管理監督者も含めて労働時間の把握、長時間労働による健康障害防止の取組みが求められることになった。

（3） 雇用形態に関わらない公正な待遇の確保（同一労働同一賃金）の具体的内容

　同一労働同一賃金とは、「同一企業内における正規雇用労働者と非正規雇用労働者の間にある不合理な待遇差を是正する」ものである。

　同一労働同一賃金施策は、パートタイム労働法、労働契約法、労働者派遣法の3つの法律を改正する形で行われたが、このうち「短時間労働者の雇用管理の改善等に関する法律（略称：パートタイム労働法）」は、対象範囲がパートタイマー（＝短時間労働者）以外の非正規労働者にも拡大されたことから、2020年4月より「短時間労働者及び有期雇用労働者の雇用管理の改善等に関する法律（略称：パートタイム・有期雇用労働法）」に名称変更された。

　パートタイム・有期雇用労働法は、次の枠組みで正規と非正規の間の不合理な待遇差を禁止している。

均衡待遇 （パートタイム・有期雇用労働法8条）	均等待遇 （パートタイム・有期雇用労働法9条）
正規と非正規の間で、①職務の内容（業務の内容、責任の程度）、②職務の内容・配置の変更の範囲、③その他の事情（※）を考慮して不合理な待遇差を禁止 ※その他の事情とは、職務の成果、能力、経験、合理的な労使の慣行、労使交渉の経緯など	正規と非正規の間で、①職務の内容（業務の内容、責任の程度）、②職務の内容・配置の変更の範囲が同じ場合は、非正規であることを理由とした差別的取扱いを禁止 ※成果や能力の違いによる合理的な差は許容される

なお、同一労働同一賃金に関しては、不合理な待遇差をなくすための上記規定に加え、以下の2つの施策も整備された。

○労働者に対する、待遇に関する説明義務の強化

　本人の待遇内容および待遇決定に際して考慮した事項を説明しなければならない。また、求められた場合、正規雇用者との待遇差の内容および理由を説明しなければならない。なお、説明を求めた労働者に対して、そのことを理由に不利益に扱ってはならない。

○行政による事業主への助言・指導等や裁判外紛争解決手続（行政ADR）の規定

　「均衡待遇」や「待遇差の内容・理由の説明」に関しても、行政による指導・助言や、事業主と非正規労働者との労働紛争を裁判をせずに解決する手続きである行政ADRの対象となった。

（4）　長時間労働の撲滅

　働き方改革関連法では、トラックドライバーなど自動車運転業務に係る時間外労働の上限規制については、2019年4月の法施行から5年間の猶予期間が設けられたが、後述するとおり長時間労働は交通事故や傷病、ひいては採用にまで影響を及ぼし、さまざまなリスクの根源となり得るものである。

　厚生労働省においても、平成26年11月に施行された「過労死等防止対策推進法」に基づき、「過労死等の防止のための対策に関する大綱」（平成27年7月24日閣議決定）が定められるなど、長時間労働対策の強化は喫緊の課題と捉えられている。

　トラック運送業界は、取り扱う荷物によっては物流量に季節変動があることや、景気動向に大きく左右されることがあり、人手不足も相まって余剰の人員や車両を保有しづらい環境にある。また、トラック運送業も建設業や製造業と同様に階層を有しており、孫請け・ひ孫請

け業者においては運賃や運行の条件が厳しい仕事もこなさなければならない状況にあり、長時間労働が慢性化している実態もある。

　一方で、大手運送会社が運賃の値上げを断行したり、厳しい条件の荷受けを断るなど、トラック運送事業者が経営環境改善に向けた取組みを行いつつある。長時間労働の撲滅は荷主の協力なくしては達成できない面もあり、協力を求めるアクションが必要で、協力を得られない仕事は自社の従業員を守るため受注しない決断も時には必要となる。

　国土交通省は、トラック運送業界におけるドライバーの長時間労働の是正は喫緊の課題と捉え、平成29年7月1日からトラックドライバーが車両総重量8トン以上または最大積載量5トン以上のトラックに乗務した場合、荷主の都合により30分以上待機したときは「集荷地点等、集荷地点等への到着・出発日時、荷積み・荷降ろしの開始・終了日時」などを乗務記録の記載対象として追加した。

　また、それに加え令和元年5月10日からは、集荷地点等で積込みもしくは積降ろしまたは付帯業務を実施した場合も乗務記録へ記載するよう貨物自動車運送事業輸送安全規則を改正した。

　国土交通省は、より詳細に荷役作業等の実態を把握することで、トラック運送事業者と荷主の協力による改善への取組みを一層促進するとともに、国としてもトラック運送事業者やトラックドライバーに対して過度な要求をし、長時間労働を生じさせている荷主に勧告等を行うに当たっての判断材料とする、としている。

　トラック運送業において考えられる長時間労働撲滅への取組み例は次のとおりである。

項　　目	内　　容
高速道路の利用	収益性が低下することが考えられるが、長時間労働対策としての効果は大きく、また、事故リスクの低下も見込まれる。
集荷日の統一	集荷日をまとめることで、集荷配送回数の低減を図ることができる。
配送経路の分割、接合	効率の悪い配送経路を合理化できる。
集荷業務と配送業務の分割	集荷業務と配送業務が混在していることにより非効率が発生していることを改善できる。
荷受け荷降ろし作業の削減	労働時間の短縮のみならず、ドライバーの業務負担を軽減し、発生頻度が高い荷受け荷降ろし時の労働災害の低減も期待できる。
値上げ交渉	直接的な長時間労働対策ではないが、時間外労働への割増賃金と同様に、長時間労働撲滅への取組みに荷主にも参加してもらう効果がある。
外注の活用	傭車を活用し、中継業務や集荷と配送の分割などにより、輸送工程全体を俯瞰的にやりくりすることで効率化を図る。

4 長時間労働がもたらす経営上のリスク

　長時間労働にはさまざまなリスクがある。長時間労働のリスクはいくら強調してもしすぎることはないので、以下、その内容を述べていくこととする。

(1)　事故リスク

①　被害に対する使用者責任

　民法715条は、使用者責任について以下のように定めている。

　「ある事業のために他人を使用する者は、被用者がその事業の執行について第三者に加えた損害を賠償する責任を負う。」

　トラック運送会社は、トラックドライバーを使用して事業を行い、収益を上げているわけであるから、トラックドライバーの業務中の行為が原因で他者に損害を与えた場合には、トラック運送会社も責任を負うべきであるということになる。したがって、トラックドライバーが自身の過失で交通事故を起こした場合であっても、業務中に起こした事故に関してはトラック運送会社も責任を問われることになる。

　なお、民法715条には、ただし書きとして「使用者が被用者の選任及びその事業の監督について相当の注意をしたとき、又は相当の注意をしても損害が生ずべきであったときは、この限りでない。」と規定されており、この事由に該当する場合には、使用者は責任を負わなくてもよいことになっている。しかし、実際に事故が起こっている以上、余程の事情がない限り、この規定によりトラック運送会社が責任を免れることはないというのが現実である。

一方、交通事故により生じたトラック運送会社の損害をトラックド
ライバーに賠償請求できるかという点については、理屈から考える
と、トラック運送会社が被害者に賠償金を支払った場合には、トラッ
クドライバーに求償することができる。

　しかし、当然に全額求償できるわけではない。この点、使用者責任
裁判のリーディングケースである「茨城石炭商事事件」（最判昭51年
7月8日）では、事業の性格や規模、トラックドライバーの業務内
容、勤務態度、加害行為の態様、加害行為の予防、損失の分散につい
ての使用者の配慮などの諸事情から求償できる範囲を判断している。

　この判例では、損害の25％に限定して、トラック運送会社のトラッ
クドライバーへの求償を認めた。このように、トラックドライバーへ
の求償請求は一定割合が認められるケースもあるが、相当程度制限さ
れることになる。また、トラックドライバーに資力がなければ、求償
する権利はあっても事実上回収が困難となる。

　トラック運送業において事故リスクは必ず存在するが、小規模な損
害については、ドライバーに何らかの形で費用請求している会社が少
なくない。1つは、被害額の全部または一部を直接会社からドライ
バーに請求するやり方である。その都度、被害を見積もって請求する
こと自体は違法とはいえないが、あらかじめ損害賠償ルールを決めて
おいた場合、労働基準法16条「賠償予定の禁止」に抵触し、違法な
対応ということになる。

　もう1つの方法は、無事故手当などを設定して無事故、無違反だっ
た場合に毎月一定金額を支払い、事故や違反があった場合にはその支
給を行わないという方法である。支給停止は、小規模な損害の場合は
1か月、大きな損害を会社に与えた場合はその程度に応じて数か月間
ということになる。この方式は違法なものではない。

② 運転者の死傷（労災）

　陸上貨物運送事業では、平成30年の死亡者数は前年を下回ったが、死傷者数は3年連続で前年を上回った（**図表1-5**）。

　事故の型別を平成30年で見ると、死亡災害は「交通事故（道路）」が最も多く、前年より減少したものの、全体の約4割を占める。一方、近年増加傾向にある「墜落・転落」、「はさまれ・巻き込まれ」などの荷役作業時の災害は減少した。死傷災害でも、トラックの荷台等からの「墜落・転落」などの荷役作業時の災害が増加した。

◆図表1-5　死傷災害・死亡災害発生の推移

（単位：人）

		H26	H27	H28	H29	H30
死亡災害		132	125	99	137	102
事故の型別	交通事故（道路）	63	59	57	57	47
	はさまれ・巻き込まれ	12	11	8	19	10
	墜落・転落	18	17	6	19	14
	崩壊・倒壊	5	11	5	7	3
	飛来・落下	6	6	4	8	4
死傷災害		14,210	13,885	13,977	14,706	15,818
事故の型別	墜落・転落	4,072	3,970	3,951	4,192	4,410
	転倒	2,158	2,047	2,050	2,240	2,651
	動作の反動・無理な動作	1,893	1,960	2,056	2,203	2,404
	はさまれ・巻き込まれ	1,673	1,586	1,594	1,606	1,674
	激突	1,015	1,034	1,068	1,130	1,164
	交通事故（道路）	1,036	962	926	916	890

出典：厚生労働省基準局「平成30年 労働災害発生状況」

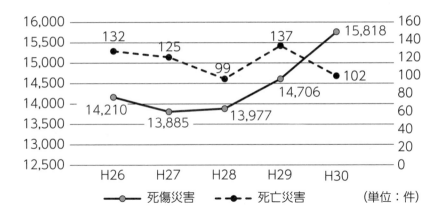

凡例：━●━ 死傷災害 ┅●┅ 死亡災害

③ 社会的責任

　トラック運送会社にとって交通事故への取組みは最重要課題の1つといえる。仮に新聞記事として取り上げられるような重大事故を引き起こしてしまうと、多額の事故賠償金の支払いを余儀なくされるだけでなく、警察や監督官庁の捜査や検査、マスコミの取材等が入り、社会的な信用を失ってしまうことになりかねない。

　事故統計を見ると、事業用自動車の重大事故発生件数は5,420件（うち33.6％がトラック）、死者715人（うち82.1％がトラック）、負傷者3,326人（うち48.9％がトラック）（平成28年「国土交通省 自動車局」）と横ばいの状態となっており、事故は減少していない。交通安全は大きな社会問題であり、トラック運送業界の役割と責任は大きいといえる。

　最近ではトラック運送会社側の管理責任が厳しく問われるようになってきた。多額の賠償金の支払いは経営危機に直結する。トラック運送会社には事業の許可（緑ナンバー）を与える代わりに、安全確実で質の高い輸送サービスを提供する義務が法律で規定されている。これまでは違反しても会社側は書類送検で済んでいたものが、最近では運行管理者に実刑が課せられるなど、トラック運送業者の安全に対する社会的責任と運行管理責任が厳しく問われるようになってきたとい

える。

　事故防止をめぐる最近の動向では、安全について荷主や外部から見た格付け評価の気運が高まり、「安全は経営品質である」という認識が広がっている。荷主によっては、物流業者の評価表を持っていて、納期遅延、事故、ドライバーのマナー、洗車状況などを日々チェックしており、事故多発企業はそのデータを基に取引を打ち切られてしまうおそれがある。

　一方、安全管理のしっかりしている企業は比較的業績も堅調な傾向にある。事故防止は目先の事故クレーム対策を並べるのでなく、トップが関与してどう組織的にマネジメントしていくかが問われている課題と位置づけるべきである。

④　行政処分・刑事罰

（ⅰ）行政処分

a）　ドライバーに対する行政処分

　違反や事故を起こして一定の点数に達すると、免許取消しや停止の行政処分を受ける。悪質で危険性の高い「特定違反行為」とそれ以外の「一般違反行為」の２つに区分され、違反の種類や点数等は「違反行為の基礎点数と反則金額」として公表されている。

b）　トラック運送会社に対する行政処分

　国土交通省（各地方運輸局および各運輸支局）では、自動車運送に係る事故防止の徹底を期すとともに、運輸の適正を図り、利用者利便を確保するため、運送事業者に対する監査を実施している。監査の結果、法令違反が判明した場合には、文書警告、自動車の使用停止、事業停止、許可取消しなどの厳正な行政処分を行うとともに、改善についての命令等の措置を講じている。

【点数制度による行政処分】

国土交通省では、自動車運送事業者の適正化を図るため、自動車運送事業者の法令違反に対する点数制度を導入している。

　違反に応じた日車数の自動車の使用停止処分のほか、処分日車数10日（車両×日）ごとに1点と換算した点数に基づき、次のとおり行われる。

・当該営業所の業務停止処分
　a　3年間の累計点数が30点以下で270日車以上の処分を受ける場合
　b　3年間の累計点数が31点以上で180日車以上の処分を受ける場合
・全営業所の事業停止処分
　a　3年間の累計点数が51点以上となる場合
・事業許可の取消し
　a　2年間に4回目の事業停止処分を受けることとなる場合
　b　3年間の累計点数が81点以上となる場合

　違反行為とそれに対する基準日車については「貨物自動車運送事業者に対し行政処分等を行うべき違反行為及び日車数等について」として公表されている。

【点数制度によらない行政処分】

　点数制度によらない行政処分として、次の違反などについて、事業許可の取消し処分を行うとされている。

・自動車等の使用停止命令または事業停止命令の違反
・上記命令に伴う自動車検査証返納命令または登録番号標領置命令の違反
・事業計画に従うべき命令違反、輸送の安全確保命令違反
・事業改善命令違反、公衆の利便阻害行為等の停止命令違反
・名義貸し・事業の貸渡し等で反復・継続的なものの違反
・検査拒否等の違反

・運行管理者の資格取消し
・運転者が有責の重大事故を惹き起こし、多数の死傷者を生じたような場合、その他社会的影響度の大きい事故の場合
・過労運転もしくは過積載運行が計画的または恒常的に繰り返して行われていた場合
・運転者に対する適切な指導および監督を怠り恒常的に速度違反が行われていた場合等

　処分を受けると事業者名が公表される。自動車の使用停止処分、事業停止処分または許可の取消し処分を受けた場合や累積点数が21点以上になった場合などについては、運輸局のホームページを通じて公表される。

（ⅱ）　刑事罰リスク
a）　ドライバーに対する刑事処分
【危険運転致死傷罪】

　酒酔い運転等の悪質・危険な運転をし、人身事故を起こした場合には、刑法第208条の2の「危険運転致死傷罪」が適用され、死亡事故の場合1年以上20年以下の懲役、負傷事故の場合15年以下の懲役という厳罰に処せられる。適用される行為は以下のとおりである。
・アルコールまたは薬物の影響により、正常な運転が困難な状態で走行する行為
・制御することが困難な高速度等で走行する行為
・危険なスピードで人または車の通行を妨害する目的で割り込み等をする行為
・危険なスピードでことさらに赤信号を無視する行為

【自動車運転過失致死傷罪】

　運転者の過失によって人身事故を起こし、「危険運転致死傷罪」が適用されない場合には、「自動車運転過失致死傷罪」が適用され、「7

年以下の懲役または 100 万円以下の罰金」が課せられる。

b) トラック運送会社に対する刑事処分

　トラック運送会社や運行管理者がドライバーに過積載を命じたり、スピード違反をしなければ目的地に到着できないような指示をしたような場合、過積載やスピード違反をしたドライバーだけでなく、違反行為を命じたり容認した事業者や運行管理者も懲役や罰金の処分を受け、自動車も一定期間の使用禁止処分を受ける。この処分の対象となる違反行為は、次のとおりである。

・無免許運転

・最高速度超過運転

・過労運転、麻薬等服用運転

・酒酔い運転、酒気帯び運転

・大型車等無資格運転

・過積載運転

・放置駐車

(2)　違法残業リスク（労働基準法 36 条違反）

　働き方改革関連法では、トラックドライバーなど自動車運転業務の時間外労働については、前述のとおり 2019 年 4 月の法施行から 5 年間の猶予期間が設けられたが、現行法においても改善基準告示によって拘束時間の制限があるため、時間外労働時間の上限は以下のように算出できる。

　また、トラック運送業の拘束時間の限度は次ページの表のとおりである。

◆トラック運転者の改善基準告示で定められている拘束時間の限度

期　間	拘束時間の限度
1 日	原則 13 時間、最大 16 時間
1 週間	1 日の拘束時間が 15 時間を超えることができるのは、1 週間に 2 回まで
1 か月	原則 293 時間。労使協定締結により、1 年間で 3,516 時間を超えない範囲で、1 か月 320 時間まで延長可能
1 年	3,516 時間

　この拘束時間の限度から①1 日の時間外労働の上限、②1 週間の時間外労働の上限、③1 か月の時間外労働の上限、④1 年の時間外労働の上限を確認する。

　なお、1 日の所定労働時間を 8 時間、休憩時間を 1 時間、1 か月の所定労働日数は 21 日、拘束時間は 320 時間【特例】、1 年間の所定労働日数は 260 日と仮定する。

①1 日の時間外労働の上限
　・最大拘束時間 −（所定労働時間 ＋ 休憩時間）＝ 16 時間 −（8 時間 ＋ 1 時間）＝ <u>7 時間</u>

②1 週間の時間外労働の上限
　・最大拘束時間 −（所定労働時間 ＋ 休憩時間）＝ 16 時間 −（8 時間 ＋ 1 時間）＝ 7 時間
　・最大以外拘束時間 −（所定労働時間 ＋ 休憩時間）＝ 13 時間 −（8 時間 ＋ 1 時間）＝ 4 時間
　・7 時間 × 2 日 ＝ 14 時間、4 時間 × 3 日 ＝ 12 時間、14 時間 ＋ 12 時間 ＝ <u>26 時間（2 週間では 52 時間）</u>

③1 か月の時間外労働の上限
　＝拘束時間 − 1 か月の所定労働時間 − 休憩時間 ＝ 320 時間 − 8 時

間 × 21 日 − 1 時間 × 21 日 = <u>131 時間</u>

④ 1 年の時間外労働の上限
　＝拘束時間 − 1 年間の所定労働時間 − 休憩時間 = 3,516 時間 − 8
　時間 × 260 日 − 1 時間 × 260 日 = <u>1,176 時間</u>

　上記のとおり、1 日においては 7 時間、1 週間においては 26 時間、1 か月においては 131 時間、1 年については 1,176 時間まで残業することができる。これらはそれぞれの時間単位における時間外労働の最大値を示したものである。

　現実にはこれを超えてしまうケースも少なくないが、そのような長時間労働は改善基準告示に違反するだけでなく、労働基準法にも違反し、違法残業になってしまうのである。

（3）　私傷病の労災認定リスク

①　脳・心臓疾患の労災補償状況

（ⅰ）脳・心臓疾患の労災補償件数

　全業種および運送業・郵便業ともに高止まりしている状況といえる。また、運送業、郵便業においては支給決定に至る割合が高い。これは長時間労働が慢性化しており、認定基準を満たすケースが多いためと考えられる。

【全業種】

区分 \ 年度		平成26年度	平成27年度	平成28年度	平成29年度	平成30年度
脳・心臓疾患	請求件数	763	795	825	840	877
	決定件数	637	671	680	664	689
	うち支給決定件数	277	251	260	253	238
	認定率	43.50%	37.40%	38.20%	38.10%	34.50%
うち死亡	請求件数	242	283	261	241	254
	決定件数	245	246	253	236	217
	うち支給決定件数	121	96	107	92	82
	認定率	49.40%	39.00%	42.30%	39.00%	37.80%

【運輸業・郵便業】

区分 \ 年度	平成29年度			平成30年度		
	請求件数	決定件数	うち支給決定件数	請求件数	決定件数	うち支給決定件数
運送業・郵送業	188	174	99 (56.9%)	197	174	94 (54.0%)

（ⅱ）脳・心臓疾患の認定基準

　対象となる疾病の種類は脳血管疾患である脳内出血（脳出血）や、くも膜下出血、脳梗塞、高血圧性脳症と、虚血性心疾患等である心筋梗塞や狭心症、心停止（心臓性突然死を含む）、解離性大動脈瘤である。

　次に、上記の疾患が業務上災害であったか否かの判断は、発症直前から前日までの間において、過重労働があったか否かによって行われ、労働時間が長ければ長いほど、業務の過重性が増すと判断される。

　労働時間の長さについて具体的には、発症日を起点とした1か月の

連続した期間をみて、発症前1か月間ないし6か月間にわたって、1か月あたりおおむね45時間を超える時間外労働が認められない場合は、業務と発症の関連性が低いと評価される。

　これを超える場合、おおむね45時間を超えて時間外労働時間が長くなるほど、業務と発症の関連性が徐々に強まると評価され、発症前1か月間におおむね100時間または発症前2か月間ないし6か月間にわたって、1か月あたりおおむね80時間を超える時間外労働が認められる場合は、業務と発症との関連性が強いと評価される。

　トラック運送業においては、恒常的に月80時間以上の残業が行われるなど長時間労働が常態化していることがめずらしくなく、脳疾患、心臓疾患が生じた場合、それが労災認定されるリスクが高いといえる。

②　メンタルヘルス障害
（ⅰ）メンタルヘルス障害による労災補償件数

【全業種】

区分	年度	平成26年度	平成27年度	平成28年度	平成29年度	平成30年度
精神障害	請求件数	1,456	1,515	1,586	1,732	1,820
	決定件数	1,307	1,306	1,355	1,545	1,461
	うち支給決定件数	497	472	498	506	465
	認定率	38.00%	36.10%	36.80%	32.80%	31.80%
うち自殺	請求件数	213	199	198	221	200
	決定件数	210	205	176	208	199
	うち支給決定件数	99	94	84	98	76
	認定率	47.1%	45.40%	47.70%	47.10%	38.20%

【運輸業・郵便業】

年度 区分	平成 29 年度			平成 30 年度		
	請求件数	決定件数	うち支給決定件数	請求件数	決定件数	うち支給決定件数
運送業・郵送業	161	146	62 (42.5%)	181	142	51 (35.9%)

（ⅱ）メンタルヘルス障害の認定基準

　発病したメンタルヘルス障害が労災認定されるのは、その発病が仕事による強いストレスによるものと判断できる場合に限られる。

　仕事によるストレス（業務による心理的負荷）が強かった場合でも、同時に私生活でのストレス（業務以外の心理的負荷）が強かったり、その人の既往症やアルコール依存など（個体側要因）が関係したりしている場合には、どれが発病の原因なのかが医学的に慎重に判断される。

　認定基準の対象となる精神障害は、国際疾病分類第 10 回修正版（ICD-10）第 5 章「精神および行動の障害」に分類される精神障害（認知症や頭部外傷などによる障害（F0）およびアルコールや薬物による障害（F1）は除く）に該当する必要がある。

　次に、おおむね 6 か月の間に起きた業務による出来事について、「業務による心理的負荷評価表」により心理的負荷が認められる必要がある。

　この心理的負荷があったか否かの判断の際に最も重視されるのが、ここでもやはり労働時間の長さであり、発病直前の 1 か月におおむね 160 時間以上の時間外労働を行った場合や発病直前の 3 週間におおむね 120 時間以上の時間外労働を行った場合は、発病直前の極めて長い労働時間（心理的負荷が「強」）と評価される。つまり、労災認定される可能性が高い。

　また、発病直前の 2 か月間連続して 1 か月あたりおおむね 120 時間以上の時間外労働を行った場合や、発病直前の 3 か月間連続して 1 か

月あたりおおむね 100 時間以上の時間外労働を行った場合にも、労災認定される可能性がある。

　前述のとおり、トラック運送業においては、恒常的に月 80 時間以上の残業が行われるなど長時間労働が常態化していることがめずらしくないので、メンタルヘルス障害を発症した場合に、それが労災認定されるリスクを抱えているといえる。

③　労災発生時の民事的請求

　業務上の労働災害が発生した場合、労災保険を活用することにより、療養や休業、場合によっては障害や死亡に関して補償されるわけだが、被災労働者が被ったすべての損害を補償してくれるわけではない。

　例えば、後遺障害が残ってしまった場合の逸失利益や、傷病や障害、死亡に伴う慰謝料については労災保険では補償されない。

　労働災害が発生した場合、労働者の過失の度合いにもよるが使用者に安全配慮義務違反があったと判断されることが一般的であり、労働者または遺族から使用者へ民事的な請求を起こされることが少なくない。不幸にも亡くなってしまうようなケースにおいては、請求額が 1 億円を超えることもあり、企業としては死活問題となり得るリスクである。

(4)　割増賃金未払い発生

①　割増賃金未払いと労務トラブル

　トラックドライバーの時間外労働は月 100 時間を超えることが少なくない。固定給を中心に構成された賃金体系では、100 時間分の時間外労働に対する割増賃金は非常に大きな額になる。

　例えば、基本給 30 万円という賃金体系の場合、残業代単価は約 2,200 円となり月 100 時間分の時間外労働に対する割増賃金は 20 万円

を超えてしまう。運送業の場合、労働時間の長さと売上などの成果は単純に比例する関係にはないため、時間外労働に対する割増賃金の支払いに抵抗を感じる経営者も少なくない。

このようなことから、後述するような賃金の中に残業代が含まれているなどとする雇用契約を提示している事例が、多数存在してきたと考えられる。長時間労働であるがゆえに、時間外労働に対する割増賃金を無視した運用が行われてきた実態がある。

後述するように、おだやかな労使関係を維持していた企業においても、昨今の権利主張型に見られる従業員意識の変化や、インターネットによる各種情報提供、弁護士等による残業代請求支援サービスの充実等により、これらのあいまいなルールや労使関係は成り立たなくなりつつある。

また、残業代請求は従業員が退職後に起こされるケースがほとんどだったが、在職中に外部の労働組合に加入し争うケースや弁護士を通じて訴えを起こしてくるケースなどもそれほどめずらしいケースではなくなった。

割増賃金未払い問題を潜在的に抱えるトラック運送事業者は実に多い。ドライバー1人あたり月10万円、賃金請求権の時効にかからない2年分（今後は3年になる）で240万円、ドライバー100人で2億4,000万円などという億単位の割増賃金未払いが計算できるケースもある。

仮に退職した元ドライバーから割増賃金請求の訴えがあり、結果的に追加で支払わなければならなくなった場合、在籍するドライバーに対する未払い分に対してどのように対処すべきかは、非常に気をつかうテーマである。ドライバー同士は退職してからも連絡を取り合っているケースが多く、元ドライバーが会社へ未払い割増賃金を請求したことや、その結果がどのようになるのか、在籍するドライバーは注目しているからである。こうした状況から、残業代請求は次から次へと連鎖的に起こることがめずらしくないのである。

②　賃金請求権が3年に延長

　令和2年4月1日に施行された民法の一部改正に合わせ、賃金請求権の消滅時効について、現行の2年を改め、民法に合わせた5年にする労働基準法など関係法令の改正法が令和2年3月27日に成立した。

　ただし、消滅時効は原則5年としながらも、労使の権利関係が不安定化することなどが懸念されることから、当分の間は3年とされた。

　現状の2年から、当分の間は3年であることから従来の1.5倍、当分の間が経過し原則どおり消滅時効期間が5年となれば2.5倍となる。これは割増賃金未払いなどの請求額が現在の2.5倍になるということと等しく、まさに会社の死活問題となり得る事態である。

5 労働者の権利意識の高まり

（1） インターネット等を通じた情報取得の容易さ

　インターネット等を通じて、法律によってどのような権利が労働者に与えられているかなどの情報が非常に得やすくなった。年次有給休暇や割増賃金、解雇予告手当などについて、不勉強な経営者よりも新卒の求職者のほうが正確な知識を持っていることはめずらしくない。

　そして、低成長下賃金の上昇があまり見込めない中で、少しでも損をしたくないと考える労働者が非常に増えていると感じられるところである。労働者の権利意識は確実に高まっているが、パートタイマー、有期契約社員、在宅勤務、ダブルワーク（副業）など雇用形態が多様化していることも、そうした傾向に影響を与えていると考えられる。

　ここ数年人手不足が慢性化しており、転職が比較的容易な状況にあるといえるが、そうした中でも全国に設置されている労働相談コーナーに寄せられる総合労働相談件数が高止まりしているのは、このような権利意識の高まりと関連しているのかもしれない。

　労働者としての権利主張は当然のことであり、経営としてこれにどう対処していくかが問われるところである。

◆「個別労働紛争解決制度」施行状況〜平成 30 年度〜

総合労働相談件数	1,117,983 件 （前年度比 1.2％増）
民事上の個別労働紛争相談件数	266,535 件 （前年度比 5.3％増）
助言・指導申出受付件数	9,835 件 （前年度比 7.1％増）
あっせん申請受理件数	5,021 件 （前年度比 3.6％増）
平成 30 年　労働関係民事通常訴訟事件の新受件数	3,496 件
平成 30 年　労働審判事件の新受件数	3,630 件

◆相談件数の推移

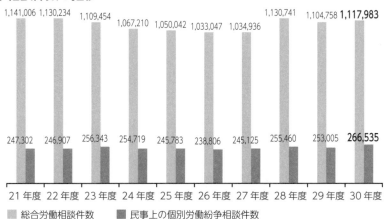

出典：厚生労働省

（2）　労働者支援サービスの発達

　労働者の権利確保を支援するサービスも活発に展開されている。労働者の権利に関する行政による各種情報提供や相談サービス、一人で加入できるいわゆる合同労組（ユニオン）、弁護士事務所による残業代請求支援サービスなど、さまざまな労働者支援機能が存在する。

特に退職者による請求事案は非常に増加していると感じられる。その多くは、代理人を通じた未払い残業代の請求であるが、上司からパワハラを受けたと主張し慰謝料を請求するケースもめずらしくない。こうした事案で特徴的なのは、多くのケースで在職中や退職時にトラブルがあったと会社側が認識していないということである。つまり、ごく普通の退職者からの請求が多いのである。

　また、精神疾患（うつ病など）の増加も顕著であり、こうした事情も労働問題を複雑化している。

6 昭和・平成的概念はもはや通用しない

　繰り返し述べるが、労働者が法律で認められた権利を主張するのは当たり前のことだ。

　おだやかな労使関係を維持していたように思える企業において発生する労務トラブルは、事態が顕在化していなかっただけで、ここ10数年の間に労働者の権利意識の高まりという変化は確実に起きていた。そして、それがあるタイミングで吹き出したに過ぎないのである。

　こうした状況下、これまでのようなあいまいなルールに基づく運用や労使を上下関係と捉えるマネジメントは限界を迎えている。昭和的あるいは平成的概念はもはや通用しないのである。問題が顕在化する前にマネジメントの改革を行う必要がある。問題が起きてしまってからの改革は困難なものとなる。

　例えば、残業代未払いなどの労務トラブルが顕在化してからでは、賃金制度を変更することは非常に難しくなる。労使関係がぎくしゃくしてくると、さまざまな制度変更が不利益に扱われるのではないかと疑心暗鬼を招き、制度変更に対するドライバーの同意を得られないばかりか、予期せぬ抵抗にあったり、最悪の場合人手不足の中、複数労働者の退職につながりかねない。

　賃金制度改革は、賃金に関するトラブルが起きる前に、どのような目的で何をどのように変更し各自の賃金が具体的にどう変わるのかを丁寧に説明し、より多くの賛同を得て行う必要があるのである。

第2章

よくあるドライバー
賃金の問題点と
法的考え方

1 不公平さ

　トラックドライバー賃金には、さまざま偏りや不公平さがみられることがある。そして、定期昇給など、昇給のしくみを持たないことが一般的なので、格差が固定化しやすい。

　トラックドライバー賃金にみられる典型的な格差を以下に示す。

(1) 職種や車種による格差

　トラック運送業では、荷主の数だけ運送形態が異なるといわれている。こうした運送形態の違い（職種の違い）や車種の違いによる賃金格差は一般的にみられるところである。

　それが、求められる職務能力の違いや労働負荷の違い、あるいは必要な資格の違いなどに起因するものであれば不合理とはいえない。しかし、説明のつく根拠がなかったり、根拠はあっても格差が大きすぎるようなことがあったりすると、優遇を受けないドライバーの不満や離職につながることがある。あるいは、賃金格差があるために、職種の異動の必要性が生じてもスムーズに行えずに支障をきたすケースもある。

　賃金の格差が説明のつく範囲に収まるように、賃金体系を合理的なものに変えていかなければならない。

(2) 入社時期による格差

　規制緩和前のバブル時代には輸送需要も多く、ドライバーの賃金水

準も頑張れば月収70や80万円、「身体はきついが数年頑張って独立するための資金にする」などという時代もあった。固定給を中心に賃金体系を構築してきた企業では、一度決めた賃金水準を引き下げることが難しく、当時のまま高い賃金水準の中高齢ドライバーが一定割合在籍している場合がある。

しかし、バブル経済が崩壊したことに加え規制緩和の影響により、トラック運送事業者が増加し、トラック運送業界の競争が激化した。これにより収益性が低減、ドライバーの賃金水準も年々下落していき、かつてのような稼げる職種ではなくなっていったのである。

近年は、経済の堅調な回復やインターネットの発達などにより輸送需要が増加している一方、トラック運送業界はそれを担うドライバー人材が不足するという状況に陥っている。

また、運転免許制度の改正により、大型トラックを運転できる資格を有する者自体が減っているのが現実である。これにより、トラック運送事業者はドライバーの新規採用や離職防止のため賃金水準の引上げを迫られている状況にある。

(3) 正規ドライバーと非正規ドライバー間の格差

正社員であるドライバー（正規ドライバー）と有期雇用契約の非正規社員であるドライバー（非正規ドライバー）間での格差が存在することは少なくない。

例えば、基本給の違いや、正規ドライバーには支給される手当が非正規ドライバーには支給されないなどの格差が存在する、賞与や退職金についても、正社員のみ対象となる、などが一般的である。

総務省が毎月実施している労働力調査によれば、2019年の年計で非正規労働者の割合は、雇用者全体では36.1％、運輸業、郵便業で31.0％、道路貨物運送業で28.7％となっている。トラック運送業においては約3割の非正規労働者が存在すると考えてよいかと思われる。

働き方改革の一環として、同一労働同一賃金がスタートした。正規ドライバーと非正規ドライバーの間の不合理な賃金格差は違法とされる可能性があるので、この格差解消が賃金制度改革において重要なポイントになると考えられる。

（4）　その他の事情による格差

　中途入社の場合、賃金決定は前職の水準を参考にすることが多い。そのため、前職の水準が高かったドライバーの賃金が高く設定されることがある。そして、ドライバーの賃金は改定されないことが少なくないので、その格差が固定化する傾向にある。

　また、女性ドライバーの場合、男性ドライバーよりも低めに設定されることもあり、これも不合理な格差の例である。

２ 残業代に関する問題点

(1) 残業代は○○に含まれている

　「残業代は基本給に含まれている」「残業代は歩合給に含まれている」「残業代は業務手当に含まれている」こうした説明によって、時間外労働があっても残業代が支払われないケースがある。そのような趣旨のもと、月例賃金の合計額としては世間相場よりも高めの設定をしていることも多い。

　歩合給制は、成果に応じて賃金を支払う思想を持つしくみであり、歩合給制の適用者に対しては、労働時間管理すら行われないことも多かった。歩合給の中には残業代が含まれている、あるいは残業代の代わりに歩合給を支払うとする考え方も一般的であった。

　一方、雇われるドライバー方も、走ってナンボ、運んでナンボの感覚があることから、お互いがなんとなく納得して労使関係が成り立ってきたという事情もある。

　もちろん、こうした方法は法的には通用しないものであり、退職後に残業代を請求できることをアドバイスされ、請求に踏み切る例が少なくない。「うちはドライバーと信頼関係があるから割増賃金未払いの争いなど心配していない」などという考えは改めていかなくてはならない。

(2) 固定残業手当等で払い済み

　「残業代は○○に含まれている」というあいまいな表現ではなく、

「業務手当は固定的な残業代として支払う」「基本給の30%は残業代として支払う」「歩合給の30%は残業代として支払う」などとされている場合がある。

　こうしたケースでは、残業代部分の金額は明確である。問題はその内容が口頭での説明だけでなく、実際に周知されている就業規則（賃金規程）に記載されているかどうかである。それがない場合、たとえ雇用契約書に記載があったとしても、形式要件でその機能が否定される可能性がある。

(3)　賃金の組替えで形式を整えている

　実質オール歩合給制の賃金制度（詳細は174ページ参照）において、歩合計算で出された賃金総額を形式的に基本給や歩合給、各種手当、残業手当などに振り分けて支給するものである。

　形式的には残業代も支払われているようにみえるが、実質オール歩合給制なので、争われればオール歩合給制による賃金総額と時間外労働時間数などにより、割増賃金を別途計算し直した上での支払いが求められることになる。

　この変形として、基本給や無事故手当などは金額をあらかじめ決めておき、残りは水揚げに歩率を掛けて算出した金額を運行手当や割増賃金に組み替えている例もある。

　なお、今回歩合給の計算過程において、割増賃金を控除する方式を違法とする最高裁判決が出された（国際自動車事件（81ページ参照））。時間外労働時間数にかかわらず、合計の賃金額が変わらない賃金制度は今後認められない可能性が高いと考えられる。

3 その他の問題点

(1) 歩合給制に関する問題点

　トラック運送業において、歩合給制を採用するケースは少なくないが、その法的位置づけを理解せずに慣習的に運用している例が多くみられる。

　歩合給には残業代は必要ない、歩合給を残業代の代わりに払う、などの考え方はよくあるもので、もちろんこうした考え方は違法である。また、年次有給休暇の賃金を計算する際に、歩合給分を法定どおりきちんと計算に組み込んでいる例はあまりみられない。

　また、歩合が非常に低額になった場合にどのように保障を行うかを規定し（労働基準法27条：出来高払制の保障給）、実際に支払う必要があるが、こうしたこともあまり理解されていない。いずれにしても、歩合給の法的側面をよく理解した上で運用を行う必要がある。

(2) 労働条件不利益変更に係る問題点

　トラックドライバーに関しては、明確な賃金体系を持たずに成り行きで賃金を決めてきたケースが多くみられる。そのため、多くの会社が矛盾を内在しており、それを改革していかなければならない状態にある。賃金制度の変更は、それがプラスに作用するドライバーとマイナスに作用するドライバーが生まれ、マイナスの場合は当然労働条件の不利益変更ということになる。

　また、歩合給制を採用しているケースで運賃の値上げが実現できた

場合、他の職種とバランスを取る意味から、歩率を不利益に変更する必要性が生じることもあり得る。

　労働条件の不利益変更に際して、その説明プロセスや個別の同意を得る努力、就業規則（賃金規程）の変更手続など踏むべき手順があるが、それらが実行されず、変更のみが行われることが少なくない。

4 定額残業代に関する考察

(1) そもそもなぜ定額残業代を設定するのか

　定額残業代とは、名称はさまざまであるが固定残業代等の定額方式で残業代（割増賃金）を支払ったり、基本給の一定額や一定割合、あるいは歩合給の一定割合を残業代（割増賃金）としたりする方式であり、実務的に広く採用されているものである。特にトラックドライバーや営業職などには設定されることがめずらしくない。

　一定額ではなく一定割合を残業代に充てることもあるため、本書の賃金設計においては後述するように「含み型割増賃金」と呼ぶが、一般的には一定割合を残業代に充てる方式を含めて定額残業代と呼ばれている。

　原則的な残業代支給方式に比べて、定額残業代は複雑でわかりにくい方式といえるが、なぜそのような方式を設定するのだろうか？

　あまり望ましくない意図の1つとしては、残業代名目である程度の金額を支払っておいて、それ以上は払いたくない、つまり、残業代を安くあげたいというものがある。計算上発生する割増賃金を支払わないとすれば、それはもちろん違法であるが、現実にはこうした意図による設定も少なくないと考えられる。

　もう1つの意図は、最低でも支払う月例賃金額をできるだけ大きくしたい、特に採用の観点からそれを大きく見せたい、そして、残業が多い月でも極端に高額な賃金にしたくないというものである。つまり、ベースを上げる一方で、高額な賃金を避けるというもので、一言で言えば月の変動をなるべく小さくしたいというものである。

この点については、ドライバー側にとってもある程度の合理性がある。残業の多い月は高額になる一方で、閑散期に非常に低額になってしまうと、生活に支障をきたすからである。

　もちろん、低い月でもある程度の金額が支払われ、繁忙期には非常に高額な賃金が支払われるというのが理想であるが、それでは経営が成り立たない。定額残業代の設定はそうした中での合理的な落としどころとみることもできるのである。

　定額残業代の設定ありなしによって、どのような効果があるか具体的な数字を**図表 2-1** で確認してみることとする。

◆図表 2-1　業務手当（固定残業手当）設定ありなし比較

所定労働時間：170 時間
（単位：円）

	業務手当（固定残業手当）	
	A 設定あり	B 設定なし
基本給	230,000	255,000
役割手当	5,000	5,000
通勤手当	10,000	10,000
業務手当 (固定残業手当)	90,000	0
残業代単価　※1	1,728	1,912
0 時間残業割増賃金	0	0
追加支給割増賃金	0	0
月例賃金合計	335,000	270,000
30 時間残業割増賃金	51,840	57,360
追加支給割増賃金	0	57,360
月例賃金合計	335,000	327,360
60 時間残業割増賃金	103,680	114,720
追加支給割増賃金	13,680	114,720
月例賃金合計	348,680	384,720
90 時間残業割増賃金	155,520	172,080
追加支給割増賃金	65,520	172,080
月例賃金合計	400,520	442,080
年収　※2	4,257,600	4,272,480
賞与あり年収　※3	4,492,600	4,532,480

※ 1　残業代単価計算で円未満の端数を切上げ
※ 2　残業時間が 0、30、60、90 時間の月がそれぞれ 3 か月ずつあったとして試算
※ 3　※ 2 の年収に、賞与＝（基本給＋役割手当）× 1 か月分を加えた

　図表の定額残業代の「A 設定あり」パターンでは、基本給 230,000 円、役割手当 5,000 円であることから、残業代単価は 1,728 円。なお、通勤の実費補てんとして支給する通勤手当は残業代単価計算から除外することができる。残業代単価の計算式は次のとおりである。

（基本給 230,000 円＋役割手当 5,000 円）÷所定労働時間数 170 時間×時間外労働割増率 1.25 ＝ <u>1,728 円</u>

　このＡパターンでは、時間外労働が 0 時間および 30 時間の場合では追加の割増賃金は不要だが、業務手当があることで月例賃金合計は 335,000 円と一定の支給水準を確保できている。さらに、時間外労働が多くなった場合、60 時間では 13,680 円、90 時間でも 65,520 円の追加支給で抑えることができる。これをドライバー側からみた場合、残業の少ない月でも一定水準を受け取れ、長時間労働となった月にはそれなりに追加支給を受けられるということになる。

　他方、定額残業代の「Ｂ設定なし」のパターンでは、基本給 255,000 円（Ａパターンより 2 万円高く設定）、役割手当 5,000 円であることから、残業代単価は 1,912 円。このＢパターンでは、時間外労働が 0 時間の場合は月例賃金合計が 270,000 円と低額になる一方、残業が多くなればなるほど支給額が大きくなり 30 時間で 327,360 円、60 時間で 384,720 円、90 時間では 442,080 円となる。ドライバー側からみた場合、残業が多い月は高額な賃金を受け取れるが、閑散期には低賃金で生活に支障をきたしてしまうということになる。

　定額残業代の「Ａ設定あり」パターンの残業 0 時間と 90 時間の差は 65,520 円にとどまるのに対し、「Ｂ設定なし」パターンでは 172,080 円もの差が生じる。年収ベースの合計額はほぼ同額であるが、変動が少ないほうがドライバーにとっては安定しており暮らしやすく、経営側にとっては費用の平準化が図れるという効果がある。

　とかく悪者扱いされがちな定額残業代であるが、このように最低でも支払う月例賃金額をできるだけ大きくしたり、月の変動をなるべく小さくしたりする機能があるのである。

（2）　定額残業代のリスク

　定額残業代にはリスクがある。仮に、固定残業手当として支給した手当が労働者から争われた結果割増賃金として認められなかった場合、割増賃金がまったく支払われていないということになる。そして、追加で支払わなければならない割増賃金を計算する際には、この固定残業手当として支給した手当も計算基礎に含めて算出しなければならなくなり、未払い額がさらに大きい金額になってしまうという問題が起きる。次ページ**図表 2-2** に具体例を示す。

◆図表 2-2　業務手当が固定残業手当であることを否定された場合

所定労働時間：170 時間
（単位：円）

	A 設定あり	否定された場合	差額
基本給	230,000	230,000	0
役割手当	5,000	5,000	0
通勤手当	10,000	10,000	0
業務手当 (固定残業手当)	90,000	90,000	0
残業代単価　※1	1,728	2,390	662
0 時間残業割増賃金	0	0	0
追加支給割増賃金	0	0	0
月例賃金合計	335,000	335,000	0
30 時間残業割増賃金	51,840	71,700	19,860
追加支給割増賃金	0	71,700	71,700
月例賃金合計	335,000	406,700	71,700
60 時間残業割増賃金	103,680	143,400	39,720
追加支給割増賃金	13,680	143,400	129,720
月例賃金合計	348,680	478,400	129,720
90 時間残業割増賃金	155,520	215,100	59,580
追加支給割増賃金	65,520	215,100	149,580
月例賃金合計	400,520	550,100	149,580
年収　※2	4,257,600	5,310,600	1,053,000
賞与あり年収　※3	4,492,600	5,545,600	1,053,000

※ 1　残業代単価計算で円未満の端数を切上げ
※ 2　残業時間が 0、30、60、90 時間の月がそれぞれ 3 か月ずつあったとして
　　　試算
※ 3　※ 2 の年収に、賞与＝（基本給＋役割手当）× 1 か月分を加えた

　67 ページの定額残業代「A 設定あり」の事例では、業務手当（固定残業手当）の 90,000 円がそのまま肯定された場合、時間外労働が 0 時間と 30 時間の場合は追加支払不要、60 時間の場合は 13,680 円、90 時間であっても 65,520 円の追加支給で足りるということだった。な

お、90 時間の場合の計算式は以下のとおりである。

（基本給 230,000 円＋役割手当 5,000 円）÷所定労働時間数 170 時間×時間外労働割増率 1.25 ×時間外労働時間数 90 時間－業務手当 90,000円＝ <u>65,520 円</u>

　一方、固定残業手当を否定された場合、残業代単価計算に否定された業務手当を加えて残業代単価計算をし直す必要があり、支払い済みの残業代はゼロということになるので、追加支給が必要な時間外労働割増賃金は、時間外労働が 30 時間の場合は 71,700 円、60 時間の場合は 143,400 円、90 時間においては 215,100 円にもなる。なお、90 時間の場合の計算式は以下のとおりである。

（基本給 230,000 円＋役割手当 5,000 円＋業務手当 90,000 円）÷所定労働時間数 170 時間×時間外労働割増率 1.25 ×時間外労働時間数 90 時間＝ <u>215,100 円</u>

　時間外労働時間数が 90 時間の月で、固定残業手当が肯定された場合と否定された場合では、ドライバー 1 人あたり月額 149,580 円の差が生じる。そして、残業時間を同条件として年収換算すると、1,053,000 円もの差が生じることになる。該当ドライバーが多数存在するケースで、過去 3 年分の追加支払いがあり得るとすると、これはきわめて大きなリスクといえる。

（3）　定額残業代を判断したリーディングケース

　定額残業代をめぐっては、過去いくつかの裁判例が示されている。

○**小里機材事件**（最高裁一小昭和 63 年 7 月 14 日判決、労働判例 523

号6頁）は、定額残業代に関するリーディングケースである。基本給の中に一定の残業代が含まれているという使用者の主張に対して、裁判所は次のとおり判示した。

> 仮に、月15時間の時間外労働に対する割増賃金を基本給に含める旨の合意がされたとしても、その基本給のうち割増賃金に当たる部分が明確に区分されて合意がされ、かつ労基法所定の計算方法による額がその額を上回るときはその差額を当該賃金の支払期に支払うことが合意されている場合にのみ、その予定割増賃金分を当該月の割増賃金の一部又は全部とすることができるものと解すべき。（下線は著者）

　つまり、「単にこの中に含まれている」というのではだめで、通常の賃金と割増賃金が明確に区分されていることが必要とされた。残業がその額を上回った場合の差額精算も条件とされているが、定額残業代を超えて時間外労働を行った場合、その差額を支払うことは法的要件なので、これをわざわざ賃金規定や雇用契約に明示することは定額残業代の有効性の条件ではないとする意見もある。なお、現実に差額を精算していないことをもって定額残業代の機能自体が否定されることはなかったが、その後の裁判例では実際の精算の有無を問題視する傾向にあった。

○**関西ソニー販売事件**（大阪地裁昭和63年10月26日判決、労働判例530号40頁）も定額残業代をめぐる事案である。セールス手当（基本給の17％）の残業代としての機能が問われた。

　裁判所は、「セールス手当（基本給の17％）は、所定労働時間外勤務に対する対価として支払われることが給与規則にも明記されていて、定額の時間外手当としての性質を有する」「労基法37条所定の額以上の割増賃金の支払がなされるかぎりその趣旨は満たされ同条所定の計算方法を用いることまでは要しない」とし、セールス手当が割増賃金であると認められた。

　なお、行政解釈でも、「労働者に対して実際に支払われた割増賃金

が法所定の計算による割増賃金を下廻らない場合には、法第37条の違反とはならない」とされている。

　歩合給制において、定額残業代方式は頻繁に登場する。「歩合給の○％を割増賃金として支給する」というのが基本形である。大手生保のフルコミッション制（オール歩合給制）の営業社員などについても、この形態が取られることが少なくない。

○**高知県観光事件**（最高裁二小平成6年6月13日判決、労働判例653号12頁）は、タクシー会社の乗務員が、時間外・深夜労働を行った場合でも歩合給以外に賃金が支払われなかったことに対して、割増賃金および付加金の支払いを求めた事案である。会社側は、歩合給には時間外・深夜割増賃金が含まれていると主張した。

　最高裁は、「上告人（乗務員）らに支給された前記の<u>歩合給の額が、上告人らが時間外及び深夜の労働を行なった場合においても増額されるものではなく、通常の労働時間の賃金に当たる部分と時間外及び深夜の割増賃金に当たる部分とを判別することもできないもの</u>であったことからして、この歩合給の支給によって、上告人らに対して法37条の規定する時間外及び深夜の割増賃金が支払われたとすることは困難」（下線は著者）とし、会社に未払割増賃金および付加金の支払いを命じた。

　これらの判例は、定額残業代に関して以下のような原則を示している。

> ①　通常の労働時間の賃金に当たる部分と時間外および深夜の割増賃金に当たる部分とが明確に判別できること
> ②　労基法に定められた計算方法による割増賃金額が定額残業代の額を上回るときはその差額を支払う合意があること

（4）　定額残業代冬の時代

　その後、定額残業代冬の時代ともいうべき時期が続いた。現在でも、一定の条件を満たさないと定額残業代は認められないが、つい先頃まで定額残業代は原則的にその機能を認められないという会社側には厳しい状態が続いていた。以下がその象徴的な裁判例である。

○**テックジャパン事件**（最高裁一小平成24年3月8日判決、労働判例1060号5頁）も残業代をめぐる争いで、基本給に一定時間数の割増賃金が含まれているとする会社側の主張を最高裁は否定した。通常の労働に対する賃金部分と時間外労働に対する割増賃金部分を明確に区分することができないことがその理由である。

　この裁判では、判決自体よりも判決文に添えられた裁判官の意見書がその後の定額残業代をめぐる裁判に大きな影響を与えたといわれている。

【櫻井龍子裁判官の補足意見】
　便宜的に毎月の給与の中にあらかじめ一定時間（例えば10時間分）の残業手当が算入されているものとして給与が支払われている事例もみられるが、その場合は、その旨が雇用契約上も明確にされていなければならないと同時に支給時に支給対象の時間外労働の時間数と残業手当の額が労働者に明示されていなければならないであろう。さらには10時間を超えて残業が行われた場合には当然その所定の支給日に別途上乗せして残業手当を支給する旨もあらかじめ明らかにされていなければならないと解すべきと思われる。本件の場合、そのようなあらかじめの合意も支給実態も認められない。

　定額残業代の有効性判断では、小里機材事件における「通常の賃金と割増賃金が明確に区分されていること」「定額残業代を超えて時間外労働を行った場合にはその差額を支払うことの合意（これは要件ではないとする見方も多い）」という基準を超えて、「支給時に時間外労働時間数と残業手当の額の明示」、差額の支払いに関する「支給実態」

という新たなハードルが意見書という形で示された。

　この意見書が示された後に出された下級審での判決は、定額残業代方式に関して方式自体を否定するものではないが、さまざまな理由をつけて実質的にその機能を認めないものが大部分となった。

○**アクティリンク事件**（東京地裁平成24年8月28日判決、労働判例1058号5頁）では、定額残業代である営業手当の割増賃金の機能が争われた。賃金規程13条で、「営業手当は、就業規則15条による時間外労働割増賃金で月30時間相当分として支給する。」とされていたが、裁判所の判断は、「営業手当は定額残業代の支払が許されるために必要不可欠な以下の条件①②のいずれも満たさないことから、「通常の労働時間又は労働日の賃金」に該当する」というものであった。つまり定額残業代の機能を否定したのである。

《裁判所の判断》
（ⅰ）必要不可欠な2つの条件
　他の手当を名目とした定額残業代の支払いが許されるために必要不可欠な2つの条件
①実質的にみて、当該手当が時間外労働の対価としての性格を有していること
②支給時に支給対象の時間外労働の時間数と残業手当の額が労働者に明示され、定額残業代によってまかなわれる残業時間数を超えて残業が行われた場合には別途精算する旨の合意が存在するか、少なくともそうした取扱いが確立していること

（ⅱ）①②の条件を否定する判断とその根拠
①営業手当は、売買事業部の従業員が顧客と面談する際にかかる諸経費をまかなう趣旨を含んでいたこと、業務部の従業員も時間外労働に従事しているにもかかわらず、業務部の従業員に営業手当は支払

われておらず、これと同趣旨の別の手当が支払われているわけでもない。これらの事実から、営業手当は、営業活動に伴う経費の補充または売買事業部の従業員に対する一種のインセンティブとして支給されていたものとみるのが相当であり、実質的な時間外労働の対価としての性格を有していると認めることはできない。

②支給額（30時間分）との差額の精算を要する月（時間外労働が30時間を超える月）が相当程度存在したことになるが、差額の精算を行った形跡を認めることはできない。（下線は著者）

定額残業代では不足する部分についての差額精算を行っていないことを理由に挙げているのはともかくとして、「時間外労働の対価としての性格」が問題とされている部分はこじつけのようにみえる。その内容は「定額残業代である営業手当は、売買事業部の従業員には支払われていたが、同じように時間外労働に従事する業務部の従業員には同種の手当は支払われていないので、営業手当は営業経費の補充または一種のインセンティブとみるのが相当で時間外労働の対価としての性格を有していない」というものだ。

印象によって判断しているとさえ思える内容だが、このように判断される可能性があるとしたら、定額残業代の設定自体、非常にリスクの高い行為となってしまう。

定額残業代冬の時代においては、定額残業代が機能する前提として前述の原則に加えて、定額残業代の対象となる時間外労働の時間数や支給すべき残業手当の額が明示されていること、定額残業代を上回る残業代が発生した場合には精算が行われていること、そして定額残業代が「時間外労働の対価としての性格」を厳格に有していることが必要であった。

（5）　常識的な判断を示した最高裁

　定額残業代冬の時代を経て、司法の考え方にも変化がみられるようになった。

　日本ケミカル事件（最高裁一小平成30年7月19日判決、労働判例1186号5頁）は、考え方の変化を端的に示している。

　薬局に勤めていた薬剤師（原告）が、会社（被告）に対して時間外労働、休日労働および深夜労働に対する割増賃金の支払いを求めた事案である。この裁判では、定額残業代である業務手当が果たして残業代として認められるかどうかが最大の焦点であった。

　原告の賃金構成や賃金に関連する規定等の状況は以下のとおりであった。

○雇用契約書の記載
　月額　562,500円（残業手当含む）
○採用条件確認書の記載
　月額給与　461,500円
　業務手当　101,000円…みなし時間外手当、時間外手当はみなし残業時間を超えた場合はこの限りではない。
○給与明細書の表示
　月額給与　461,500円
　業務手当　101,000円
　時間外労働時間や時給単価の欄は、ほぼすべての月において空欄だった。
○賃金規程の記載
　業務手当は、一賃金支払い期において時間外労働があったものとみなして、時間外手当の代わりとして支給する。
○確認書（原告以外の従業員と会社で取り交わされたもの）
　「業務手当は、固定時間外労働賃金（時間外労働30時間分）として毎月支給します。一賃金計算期間における時間外労働がその時間に満たない場合であっても全額支給します。」

　なお、採用時に原告は採用担当者から残業代は一定時間分までは出ないという説明を受けたと認めていた。原告は、休憩時間中にも業務

に従事することがあったが、その時間管理はなされていなかった。

　一審では、定額残業代である業務手当の割増賃金としての機能を基本的に認める判断が下された。ところが、高裁判決では業務手当は割増賃金として認められないとされた。その内容を以下に見ていく。

■高裁判決

　高裁の判決文では、定額残業代により法定の時間外手当が支払われたとみなすための考え方が次のように示された。

　まず、「定額残業代の仕組みは、定額以上の残業代の不払の原因となり、長時間労働による労働者の健康状態の悪化の要因ともなるのであって、安易にこれを認めることは、労働関係法令の趣旨を損なうこととなり適切でない。」と述べている。

　つまり、原則的に定額残業代を認めたくないという立場を明らかにしている。

　その上で、それを認めるための原則として以下の内容を示している。

・定額残業代を上回る金額の時間外手当が法律上発生した場合にその発生の事実を労働者が認識して直ちに支払を請求できる仕組み（発生していない場合には発生していないことを労働者が認識できる仕組み）が備わっており、これらの仕組みが雇用主により誠実に実行されていること
・基本給と定額残業代の金額のバランスが適切であること
・法定の時間外手当の不払や長時間労働による健康状態の悪化など労働者の福祉を損なう出来事の温床となる要因がないこと

　そして、定額残業代の機能を次の理由で否定した。
・業務手当が何時間分の時間外手当に当たるのかが労働者に伝えられていない
・時間外労働の月間労働時間や時間単価が誠実に伝えられていない

・労働時間管理の仕組みが不十分で、労働時間の正確な測定ができ
　ないため、定額の業務手当を上回る金額の時間外手当が発生して
　いるかどうかを労働者が認識することができない

■最高裁判決

　最高裁では、高裁と全く逆の判断が示された。

　また、労働基準法 37 条が規定する割増賃金について、次のように
述べた。

　「同条（労働基準法 37 条）は、労働基準法 37 条等に定められた方
法により算定された額を下回らない額の割増賃金を支払うことを義務
付けるにとどまるものと解され、労働者に支払われる基本給や諸手当
にあらかじめ含めることにより割増賃金を支払うという方法自体が直
ちに同条に反するものではなく、使用者は、労働者に対し、雇用契約
に基づき、時間外労働等に対する対価として定額の手当を支払うこと
により、同条の割増賃金の全部又は一部を支払うことができる。」

　ここで最高裁は、「労働者に支払われる基本給や諸手当にあらかじ
め含めることにより割増賃金を支払うという方法」、つまり定額残業
代の機能を基本的に肯定している。

　続いて、「雇用契約においてある手当が時間外労働等に対する対価
として支払われるものとされているか否かは、雇用契約に係る契約書
等の記載内容のほか、具体的事案に応じ、使用者の労働者に対する当
該手当や割増賃金に関する説明の内容、労働者の実際の労働時間等の
勤務状況などの事情を考慮して判断すべきである。」とした。

　そして、定額残業代を法定の割増賃金とみなすために高裁が示した
原則について、それらは必須のものではないと断定したのである。そ
の上で、次の理由により、定額残業代（業務手当）の支払いを法定の
時間外手当の支払いとみなすことができると判断した。

　その理由の第一が、業務手当が時間外労働に対する対価として支払
われるものと位置づけられていたという判断である。その根拠とし

て、雇用契約書および採用条件確認書、賃金規程において、月々支払われる所定賃金のうち業務手当が時間外労働に対する対価として支払われる旨が記載されていたこと、各従業員（原告を除く）と会社の間で作成された確認書にも、業務手当が時間外労働に対する対価として支払われる旨が記載されていたことを挙げている。

第二の理由は、定額残業代で設定された時間数と実際の残業時間に大きな乖離がなかったという点である。

最高裁は、高裁の判決に割増賃金に関する法令の解釈適用を誤った違法があると断じた。最高裁の判断は非常に重いが、それは定額残業代冬の時代の極端な考え方のいくつかを覆すものであり、きわめて常識的な判断であった。

この最高裁判決を踏まえ、定額残業代の機能が認められるための判断基準を整理してみると、以下のようになると考えられる。

① 通常の労働時間の賃金に当たる部分と時間外および深夜の割増賃金に当たる部分とが明確に判別できること
② 労働基準法に定められた計算方法による割増賃金額が定額残業代の額を上回るときはその差額を支払う合意（ルール）があること
③ 就業規則・賃金規程や雇用契約書に定額残業代に関する定義が明確に規定されていること
④ 定額残業代について、労働者に十分な説明がなされていること
⑤ 定額残業代の内容が労働者の時間外労働の実態と乖離していないこと

冬の時代に必要と考えられていた「定額残業代に相当する残業時間の明示」や「差額精算の実施」は、必ずしも必須要件とはなっていないと考えられる。

その代わり、上記⑤の「定額残業代と時間外労働実態の近接要件」は新たな観点として加わったといえる。これは、定額残業代に労働実

態とかけ離れた時間外労働時間数を設定するような行為は脱法行為であるとの判断だろう。例えば、実態をはるかに超える100時間もの時間外労働時間数に相当する定額残業代を設定してしまえば、追加の割増賃金を支払う必要はほとんどなくなるわけだが、これでは割増賃金に求められる時間外労働を抑制する機能が働かなくなってしまうのである。

定額残業代を安易に使うことはできないが、労働実態に近接する形でそれを適用し、ここで示された原則を踏まえて導入していくことは可能なはずである。トラックドライバーの賃金設計において、定額残業代の活用余地は小さくないと考えられる。

(6) 2020年3月30日の最高裁判決

○**国際自動車事件**（最高裁一小令和2年3月30日判決　最高裁
　　HP）

国際自動車事件に関する最高裁判決が下された。

被告のタクシー会社では、タクシードライバーの賃金計算において、歩合給計算過程で固定給に対する割増賃金額を差し引く規定を設け、控除後の金額を歩合給として支給していた。これに対して原告であるドライバーが、この計算方式では賃金受取額は揚高（売上）が変わらない限り、どれだけ時間外労働を行っても変わらないことになるため、この賃金規定は労働基準法37条の趣旨および公序良俗に反し無効であり、本来支払われるべき歩合給はより多額であると主張したものである。

最高裁の判断の要点は以下のとおりである。

・労働基準法37条の割増賃金は、時間外労働等を抑制し、労働時間に関する同法の規定を遵守させるとともに、労働者への補償を行う趣旨であるが、割増賃金は法より算定された額を下回らない

額の割増賃金を支払えば足りる。

・割増賃金を支払ったとするためには、通常の労働時間の賃金に当たる部分と割増賃金に当たる部分とを判別できることが必要。判別することができるというためには、その手当が時間外労働等に対する対価であるとされていることを要する。

・本事案では、歩合給の計算において割増賃金額が控除されるため、歩合給は0円となることもある。実質的に、出来高払制の下で元来は歩合給として支払うことが予定されている賃金の一部を名目のみ割増賃金に置き換えて支払っているというべき。

・その割増賃金は、通常の労働時間の賃金である歩合給として支払われるべき部分を相当程度含んでいると解され、その結果、どの部分が時間外労働等に対する対価に当たるかは明らかでないから、通常の労働時間の賃金に当たる部分と割増賃金に当たる部分とを判別することはできないこととなり、労働基準法37条の定める割増賃金が支払われたということはできない。

　最高裁は、会社が定めた計算方法を定めた規定を違法とする判断を下し、ドライバー側が敗訴した高裁判決を破棄して、未払いの賃金等を計算させるために審理を高裁に差し戻した。

　タクシードライバーやトラックドライバーの賃金制度において、歩合給を設定しその計算過程で割増賃金分を差し引く方式はしばしばみられるものである。

　今回の最高裁判決により、時間外労働が増加しても賃金支給額が全く増加しない賃金制度は、たとえ形式的に割増賃金が支払われていたとしても違法と判断されると考えなければならなくなったといえる。

5 歩合給に関する法的位置づけ

　歩合給は、一般的な固定給制と法的な扱いが異なっている面も多いので、ここで歩合給の法的側面を確認してみることとする。

　歩合給適用者であっても、労働者として労働基準法をはじめとする各種法令の適用をすべて受けることは言うまでもない。

(1)　平均賃金の算定方法

　平均賃金は、労働基準法で定められている解雇予告手当、休業手当、年次有給休暇の賃金、災害補償、減給の制裁の限度額などを算定する場合に用いられる。

　平均賃金の計算方法は、月によって定められた賃金の場合は（ⅰ）の原則的方法によるが、日給制、時給制、出来高払制の場合は次の（ⅰ）、（ⅱ）のいずれか高いほうの額とすることになっている。世の中の賃金の多くは月額賃金制で、平均賃金の算定方法は（ⅰ）だけであると勘違いしやすいので、注意が必要である。

（ⅰ）原則的方法（労働基準法 12 条 1 項）

$$平均賃金 = \frac{事由発生日以前 3 か月間の賃金総額}{事由発生日以前 3 か月間の暦日数}$$

（ⅱ）最低保障額（労働基準法 12 条 1 項 1 号）

$$最低保障額 = \frac{事由発生日以前 3 か月間の賃金総額}{事由発生日以前 3 か月間の実労働日数} \times \frac{60}{100}$$

※賃金締切日がある場合は、直前の賃金締切日から起算する

(2) 大きな違いがある残業代の支払い方

　歩合給制であれば、割増賃金を支払わなくてもよいとする誤解は非常に多い。割増賃金の支払義務を定めた労働基準法の規定（37条）は強行法規であり、歩合給制であっても、時間外労働があれば当然時間外割増賃金を支払わなければならない。休日労働、深夜労働の割増賃金も同様である。

　ただし、割増賃金の計算方法は、固定給制の場合と異なるので注意が必要である。割増賃金の算定の基礎となる賃金が固定給制の場合の時間単価は、基本的に所定労働時間となる。月給制の場合は月平均所定労働時間、日給制の場合は1日の所定労働時間、時給制の場合は時給そのものである。

　この計算により求められた時間単価に対して、時間外労働時間数を乗じ、時間外労働であれば125％以上（60時間超の場合は150％以上）、法定休日労働については135％以上、深夜労働については25％以上の割増賃金の支払いが必要となる。

　ちなみに、月給制の場合の計算方式は以下のとおりである。

$$1時間あたりの割増賃金額 = \frac{月額賃金額}{月平均所定労働時間数}$$
$$\times 1.25 \,（法定休日の場合 1.35）$$

　これに対して、歩合給制（出来高払制）の場合は、以下の方法によって単価計算を行う。

$$1時間あたりの割増賃金額 = \frac{歩合給制賃金の総額}{算定期間における総労働時間数}$$
$$\times 0.25 \,（法定休日の場合 0.35）$$

　割増賃金の時間単価計算の際の分母が、歩合給制の場合は総労働時間数となる点が最大の特徴である。そして、割増率は固定給制の場合

が1.25（法定休日の場合1.35）であるのに対して、出来高払制の場合は0.25（法定休日の場合0.35）となる。これは、1の部分は歩合給で既に支払済みであるという考え方による。

　なお、賃金が固定給と歩合給の組み合わせで支払われる場合、それぞれの部分について計算した金額の合計額が1時間あたりの割増賃金となる。

　歩合給制の場合、割増賃金の計算方法が固定給制と違うという点は、実務において非常に重要なポイントである。この方式の違いが労働者の成果を求める職務行動の強化につながる可能性があるからである。そのため、労働者が生み出す成果と人件費の関係がダイレクトに結びついたものとなり、経営的には大きなメリットになるといえる。

　また、労働者にとっても、やればやっただけ収入につながるということで、モチベーションが向上する可能性がある。

　以下、パターン1：固定給30万円、パターン2：出来高払給（歩合給）30万円、パターン3：固定給15万円、出来高払給（歩合給）15万円の3つのケースで、残業代がどのように変化するかのシミュレーションを行った（次ページ**図表2-3**参照）。

　前提条件は、所定労働時間170時間、残業時間80時間である。

◆図表 2-3　賃金構造ごとの残業代計算例

| 前提条件 | 固定給／出来高払給（歩合給）：月額30万円
　　　　　　　　　　　　or固定給＋歩合給：月額各15万円 |
| | 所定労働時間：170時間
残業時間：80時間 |

パターン1：固定給の場合の残業代の計算

```
┌────────────────────────────┐    ┌ ─ ─ ─ ┐
│          固定給            │ ＋   残業代
│        （30万円）          │    └ ─ ─ ─ ┘
└────────────────────────────┘
```

残業単価＝30万円÷170時間＝1,765円

残業代＝1,765円×80時間×1.25＝**176,500円**

パターン2：出来高払給（歩合給）の場合の残業代の計算

```
┌────────────────────────────┐    ┌ ─ ─ ─ ┐
│    出来高払給（歩合給）    │ ＋   残業代
│        （30万円）          │    └ ─ ─ ─ ┘
└────────────────────────────┘
```

残業単価＝30万円÷（170時間＋80時間）＝1,200円

残業代＝1,200円×80時間×0.25＝**24,000円**

パターン3：固定給＋出来高払給（歩合給）の場合の残業代の計算

```
┌──────────┐   ┌──────────────────┐   ┌ ─ ─ ─ ─ ┐
│  固定給  │ ＋│ 出来高払給（歩合給）│ ＋  残業代
│（15万円）│   │    （15万円）      │   └ ─ ─ ─ ─ ┘
└──────────┘   └──────────────────┘
```

固定給残業単価＝15万円÷170＝882円
出来高払給（歩合給）残業単価＝15万円÷（170時間＋80時間）＝600円
固定給残業代882円×80時間×1.25＝88,200円
出来高払給（歩合給）残業代＝600円×80時間×0.25＝12,000円
残業代合計＝88,200円＋12,000円＝**100,200円**

　割増賃金計算においては、出来高払給（歩合給）の場合の金額が最も少額となる。固定給制のわずか7分の1弱である。これは労働時間が長時間になりがちなトラック運送業経営においては非常に有用で、オール歩合制や賃金の一部を歩合給とするメリットは大きい。

(3)　年次有給休暇を取得した場合の賃金

　年次有給休暇中の賃金については、次の3通りの支払方法がある。このうち、①、②は就業規則等に定めればよいが、③については過半

数労働組合または労働者の過半数代表者との書面による協定が必要となる。

> ①　平均賃金
> ②　所定労働時間労働した場合に支払われる通常の賃金
> ③　健康保険法の標準報酬日額に相当する金額

　①と③については、平均賃金あるいは標準報酬日額相当額を支払うだけであり、歩合給制でも特別なことはない。歩合給制において注意が必要なのは、②の「通常の賃金」を支払う場合である。

　つまり、以下の算定式によるところとなる。

歩合給制（出来高払制）における「通常の賃金」

$$= \frac{歩合給制賃金の総額}{算定期間における総労働時間}$$
$$\times 算定期間における1日平均所定労働時間数$$

　労働者の受ける賃金が固定給と歩合給の両方によりなる場合は、固定給部分と歩合給部分について、それぞれ算定した金額の合計額となるが、それは割増賃金計算と共通する考え方である。

　仮に月額固定給が20万円、歩合給が10万円、算定期間における総労働時間が200時間、1日の所定労働時間数が8時間とし、有給休暇を1日取得したとすると、固定給部分は控除せずにそのまま支払うことになるので、歩合給部分だけ別途計算して支給すればよい。

　上記の算定式に当てはめると、以下のとおりとなる。

歩合給制（出来高払制）の「通常の賃金」

$$= \frac{10万円}{算定期間における総労働時間200時間} \times 8時間 = 4,000円$$

「通常の賃金」方式であるこのケースにおける1日分の年次有給休暇賃金は、固定給部分は20万円を欠勤控除せずにそのまま支給し、歩合給部分として4,000円を別途支給するということになる。

固定給と歩合給の併用方式の場合で、現実によくみられるのは、固定給部分を欠勤控除せずにそのまま支給することで終わりにしているケースである。つまり、歩合給部分を計算して別途支給していない事例が頻繁にみられるのである。これは、明確な労働基準法違反となるので注意が必要である。

なお、歩合給部分に関し、欠勤控除という概念はない。そもそも割増賃金と保障給を除き、時間に対して支払うということがなく、ノーワーク・ノーペイの原則も成果を通じて実現するので、欠勤控除はしようがないのである。

(4) 出来高払制（歩合給制）の保障給

出来高払制（歩合給制）をめぐる誤解の1つに、「オール歩合給制は違法である」というものがある。この表現には2つの解釈があり、1つは「基本給などの固定給を設定しなければ違法である」というもので、これは誤った解釈である。賃金構成において固定給の設定がなく、その意味でオール歩合給制であっても、そのこと自体に何ら違法性はない。

もう1つは、「歩合給が著しく低額になった場合に何も保障しないのは違法である」というもので、これは正しい。労働基準法27条は、「労働時間に応じ一定額の賃金の保障」を求めている。「出来高払制の保障給」といわれるものである。

なお、労働者が自身の責に帰すべき事由によって労働に従事しない場合は、当然歩合給も発生しないが、これに対して使用者は、年次有給休暇の取得などの場合のほかは、ノーワーク・ノーペイの原則により、何ら対価を支払う義務はない。

紛らわしいのは、「使用者の責に帰すべき事由により休業を余儀なくされた場合」である。例えば、受注が不足して、トラックドライバーに運送業務の割り当てができないような場合である。この場合は、保障給（労働基準法 27 条）ではなく、休業手当（労働基準法 26 条）の支払い対象となる。

　保障給の支払いを求められるのは、「業務に就いたものの、歩合給が極端に低くなった場合」である。これが、出来高払制の保障給である。

　トラック運送業で、ドライバーが運送を行った上で歩合が発生しないというのは考えにくいので、保障給を支払うケースは非常に稀であると考えられる。一方、歩合給制で働く販売員の場合などは、商品がほとんど売れないこともあり得るので、保障給の支払いが必要な場合も出てくる。

　労働基準法は保障給について、「労働時間に応じ一定額の賃金の保障」を求めるのみで、具体的な金額については規定していない。行政解釈では、休業手当が平均賃金の 60％ を求めているので、少なくともその程度は必要とされている。

　以下、出来高払制の保障給の設定方法を示す。

（ⅰ）平均賃金を基準にするもの

① 　オール歩合給制の場合の規定例

> 　実労働時間あたりの歩合給が、平均賃金を 1 日の所定労働時間で除した金額の 6 割に満たない場合は、その水準に至るまで歩合給を増額支給する。

② 　固定給と歩合給の併用の場合の規定例

> 　実労働時間あたりの固定給と歩合給の合計額が、平均賃金を 1 日の所定労働時間で除した金額の 6 割に満たない場合は、その水準に至るまで歩合給を増額支給する。

　平均賃金は 1 日あたりの概念なので、これを時間単位に直す必要が

ある。平均賃金は割増賃金を含み、比較対照する当月の時間あたり歩合給（＋固定給）は、割増賃金を含まないものだが、休業手当等に使用される平均賃金の性格に鑑みれば、支障はないと考えられる。時間外労働がある場合、保障給とは別に割増賃金算定が必要なことはいうまでもない。

（ii）過去3か月間の実績との比較によるもの

① オール歩合給制の場合の規定例

> 実労働時間あたりの歩合給が、過去3か月分の歩合給をその期間の総労働時間数で除した金額の6割に満たない場合は、その水準に至るまで歩合給を増額支給する。

② 固定給と歩合給の併用の場合の規定例

> 実労働時間あたりの固定給と歩合給の合計額が、過去3か月分の固定給と歩合給の合計額をその期間の総労働時間数で除した金額の6割に満たない場合は、その水準に至るまで歩合給を増額支給する。

上記の2例は、「平均賃金」ならびに「過去3か月間の実績」という過去水準との比較の方式であり、いずれも固定的な時間あたりの保障給水準を設定するものではない。

固定的水準を時給で設定する方法が保障給の基本であるが、それだけだと過去水準との乖離が大きくなるおそれがある。固定的な水準を設定する場合は、あわせて過去水準との比較も行うことが望ましいといえる。

（iii）過去水準および固定的水準との比較によるもの

① オール歩合給制の場合の規定例

実労働時間あたりの歩合給が以下の時間単価のうちいずれか高いほうに満たない場合は、その水準に至るまで歩合給を増額支給する。
  ・1,200 円
  ・過去 3 か月分の歩合給をその期間の総労働時間数で除した金額の 6割

② 固定給と歩合給の併用の場合の規定例

実労働時間あたりの固定給と歩合給の合計額が、以下の時間単価のうちいずれか高いほうに満たない場合は、その水準に至るまで歩合給を増額支給する。
  ・1,200 円
  ・過去 3 か月分の固定給と歩合給の合計額をその期間の総労働時間数で除した金額の 6 割

《参考》上記の 1,200 円を時間あたり保障給として支給するケース

オール歩合給制で、保障給@ 1,200 円／ h 、月平均所定労働時間 173 時間で残業を 50 時間行った場合の賃金総額

歩合給（保障給）＝ 1,200 円×（173 h ＋ 50 h ）＝ 267,600 円

割増賃金＝ 1,200 円× 0.25 × 50 h ＝ 15,000 円

賃金総額＝ 267,600 円＋ 15,000 円

＝ 282,600 円

ただし、トラックドライバーなどの自動車運転者の場合、行政通達で保障給部分についても考え方が示されており、「通常の賃金の 6 割以上」という水準が要求されている。暦日数を分母として計算する「平均賃金の 6 割」よりも、労働日数を分母として計算する「通常賃金の 6 割」のほうが当然高い金額になる。これは、自動車運転者の労

働条件を改善しようとする政策的な意図によるものである。

　なお、賃金構成からみて固定給の部分が賃金総額中の大半（おおむね60％程度以上）を占めている場合には、行政解釈で保障給の設定は不要とされている。

(5)　歩合給制と最低賃金

　出来高払制においては、賃金の変動が大きいこともあり、歩合給が低額だった場合、保障給だけでなく最低賃金の規制に該当しないかを確認する必要がある。

　最低賃金は時間によって定められているので、最低賃金額以上となっているかどうかは、賃金額を時間あたりの金額に換算し、最低賃金（時間額）と比較して行う。

　最低賃金の対象となる賃金は、毎月支払われる賃金で、具体的には実際に支払われる賃金から次の賃金を除外したものが対象となる。

　出来高払制をめぐる誤解の1つに、「歩合給を除いた固定給で最低賃金をクリアしなければならない」というものがある。最低賃金の判定において、除外する必要があるのは以下の賃金だけであり、歩合給を除く必要はない。

①臨時に支払われる賃金（結婚手当など）

②1か月を超える期間ごとに支払われる賃金（賞与など）

③所定労働時間を超える時間の労働に対して支払われる賃金（時間外割増賃金など）

④所定労働日以外の日の労働に対して支払われる賃金（休日割増賃金など）

⑤午後10時から午前5時までの間の労働に対して支払われる賃金のうち、通常の労働時間の賃金の計算額を超える部分（深夜割増賃金など）

⑥精皆勤手当、通勤手当および家族手当

(6) 社会保険の扱い

社会保険（厚生年金保険、健康保険）における歩合給に関係する標準報酬月額等の取扱いは、以下のとおりである。

（ⅰ）資格取得時

①月給・週給など一定の期間によって定められている報酬については、その報酬の額を月額に換算した額

②日給・時間給・<u>歩合給</u>などの報酬については、その事業所で前月に同じような業務に従事し、同じような報酬を受けた人の報酬の平均額

（ⅱ）定時決定

①対象となるのは、7月1日現在の被保険者について、4月・5月・6月に受けた報酬（報酬総額）の平均額を標準報酬月額等級区分にあてはめて算定する（支払基礎日数が17日以上の月の平均額）。

②なお、次のいずれかに該当する人は、定時決定は行わない。

・6月1日から7月1日までの間に被保険者となった人

・7月から9月までのいずれかの月に随時改定、または育児休業等を終了した際の改定が行われる人

（ⅲ）随時改定

①次の3つのすべてにあてはまる場合に、<u>固定的賃金</u>の変動があった月から4か月目に改定が行われる。

・昇（降）給などで、固定的賃金に変動があったとき

・固定的賃金の変動月以後継続した3か月の間に支払われた報酬の平均月額を標準報酬月額等級区分にあてはめ、現在の標準報酬月額との間に2等級以上の差が生じたとき

・3か月とも報酬の支払基礎日数が17日以上あるとき

②固定的賃金とは、基本給・家族手当・役付手当・通勤手当・住宅

手当など稼働や能率の実績に関係なく、月単位などで一定額が継続して支給される報酬をいうが、次のような場合も固定的賃金の変更に含まれる。

・昇給（ベースアップ）、降給（ベースダウン）
・給与体系の変更（日給から月給への変更等）
・日給や時間給の基礎単価（日当、単価）の変更
・歩合給等の単価、歩合率の変更
・住宅手当、役付手当等の固定的な手当の追加、支給額の変更

　歩合給に関しては、その単価や歩合率など基本構造が変更になった場合が「固定的賃金の変動」となり、他の条件がそろえば標準報酬月額の随時改定の対象となる。単に歩合給の額が高かったり、低かったりしただけでは随時改定の対象にはならない。

6 労働条件不利益変更の法理

（1） 労働条件の不利益変更

　賃金制度の改革などに関連して起きる労働条件の不利益変更について、その法的な考え方をここで確認していく。労働条件の不利益変更については、労働契約法がそれを規定しており、該当条文は以下のとおりである。

◆労働契約法

（労働契約の内容の変更）
第8条　労働者及び使用者は、その合意により、労働契約の内容である労働条件を変更することができる。

（就業規則による労働契約の内容の変更）
第9条　使用者は、労働者と合意することなく、就業規則を変更することにより、労働者の不利益に労働契約の内容である労働条件を変更することはできない。ただし、次条の場合は、この限りでない。

第10条　使用者が就業規則の変更により労働条件を変更する場合において、変更後の就業規則を労働者に周知させ、かつ、就業規則の変更が、労働者の受ける不利益の程度、労働条件の変更の必要性、変更後の就業規則の内容の相当性、労働組合等との交渉の状況その他の就業規則の変更に係る事情に照らして合理的なものであるときは、労働契約の内容である労働条件は、当該変更後の就業規則に定めるところによるものとする。ただし、労働契約において、労働者及び使用者が就業規則の変更によっては変更されない労働条件として合意していた部分については、第12条に該当する場合を除き、この限りでない。

ここで規定されているように、労働条件の不利益変更は、労働者と使用者の合意によることが原則であり、例外的にその変更が合理的なものである場合は、合意がなくても就業規則の変更により労働条件の変更が可能であるとされている。

　この規定は、単なる訓示的なものではなく、労働条件の不利益変更が法廷で争われた場合、文字どおりこの内容が満たされているかどうかが問われることになる。しかし、賃金制度（特に中小企業の賃金制度）においては、賃金決定の仕組みが就業規則・賃金規程に明記されていないことが多いのが実態である。

　賃金制度の変更に際し、賃金規程には概略を記載し、詳細な条件については労働条件通知書に記載することで済ませるケースも少なくない。例えば、歩合給制の導入に当たり、計算方法や歩合率を通知書には記載するが賃金規程に載せないケースなどがそれに当たる。こうしたケースは、厳密に言えば就業規則の変更による労働条件の変更に該当しないため、従業員が賃金制度の変更に同意しない場合、争われれば労働条件の変更は法的要件を欠き無効になってしまう。

　歩合給制度や手当部分は賃金規程に記載のルールどおり運用している場合でも、基本給が総合決定給であることが多くある。その定義としては、「基本給は、本人の能力や貢献度等を総合的に勘案して決定する」といったもので、総合決定給といえば聞こえがよいが、要は個人を値踏みして決めていく「個別賃金」ということである。

　基本給などの固定給が個別決定賃金とすれば、それは使用者と労働者の合意により決定したものであり、100人の労働者がいれば、100個の個別賃金の集合体ということになる。それでは、賃金制度を変更しようとしたときに、全社員の基本給を新たに値踏みし、個別交渉を行わなくてはならない。

　もちろん、就業規則・賃金規程によって定義されるしくみを変更する場合でも、個別同意を得るための努力は欠かせないが、賃金制度の変更案をルールに従って体系的に行うものにすれば、その考え方、ロ

ジックを社員に説明することも容易である。

　経営の基幹システムの1つである賃金制度は、経営環境の変化に対応して、コントロール可能な状態にしておくことが重要である。特に歩合給制度部分については、その計算方式、歩合率等を就業規則・賃金規程に明確に定義することが望ましい。

　そして、賃金制度を変更する場合、個別賃金への同意だけでなく、就業規則・賃金規程の変更による労働条件の変更に対する同意（労働契約法9条合意）を得ることが重要である。それにより、賃金制度を変更した後に就労条件等が変化した場合、規定に基づき賃金の変更を行うことに同意を得ていると解釈できるからである。

(2)　不利益変更の判断基準

①　判断の枠組み

　労働条件の不利益変更に関する裁判例では、第四銀行事件（最高裁二小平成9年2月28日判決、労働判例849号121頁）がリーディングケースとなっており、そのポイントは以下のとおりである。

就業規則の変更による労働条件の不利益変更の前提
「高度の必要性に基づいた合理的な内容」であるかどうか
合理性の判断は以下の内容を総合考慮して行う
①就業規則変更によって労働者が被る不利益の程度 ②使用者側の変更の必要性の内容・程度 ③変更後の就業規則の内容自体の相当性、代償措置その他関連する他の　労働条件の改善状況 ④労働組合等との交渉の経緯、他の労働組合または他の従業員の対応 ⑤同種事項に関する我が国社会における一般的状況等

②　対象者全体の観点

　不利益の程度については、個別労働者の観点と対象者全体の観点がある。制度変更によって、個々の労働者が不利益を被ることがあっても、全体としては支給水準が下がっていないケースがある。トラックドライバーの賃金制度改革においては、よくある事例である。

　そうした場合の不利益変更の合理性について、第一小型ハイヤー事件（最高裁二小平成4年7月13日判決、労働判例630号6頁）が考え方を判示した。それは、「全体として新制度が旧制度を下回らず、それが労働強化によるものでなく、労働者に不測の損害を被らせるものでなければ、変更の合理性が是認され得る」というものであった。

③　不利益変更はどこまで許されるか

　新制度の支給水準が旧制度のそれと比べて、全体として下回ることは、トラックドライバーの賃金制度改革においてめずらしいことではない。そうした場合は、その変更が「高度の必要性に基づいた合理的な内容」であることが厳密に判断される。

　大阪京阪タクシー事件（大阪地裁平成22年2月3日判決、労働判例1014号47頁）は、経営状況の悪化したタクシー会社が、倒産回避のために完全歩合給制で運用されていたタクシー運転手の賃金制度を不利益変更（月間営業収入に対する歩率を引下げ）したことに対して、タクシー運転手らがその改定は無効であるとして、旧制度との差額賃金の支払いを求めた事案である。

　裁判所は、第四銀行事件の枠組みどおり、変更後の就業規則が「高度な必要性に基づいた合理的な内容」のものであるかどうかを検討した。

　そして、タクシー会社の経営難から、新賃金規程制定には「高い必要性」が認められると判断した。

　次に、内容の合理性について検討を行い、以下の事実を確認した。

　・賃金改定以前にさまざまな支出削減努力を行ってきたこと

・新賃金規程設定に伴う代償措置として65歳までの雇用期間の延長や激変緩和措置として乗務員全員に3万円の一時金を支給したこと
・労働組合等とも誠実に交渉を行ったこと
・乗務員全体の賃金水準としては同業他社と比べて遜色がなく劣悪とまでいうことはできないこと

　以上の事実から、新賃金規程の制定には、一定の合理性があるとされた。

　しかし、新賃金規程採用によって、「継続的でないものの、ある月の月給にして改定前賃金体系による算定に比して20%を超える大幅な減額となる者もあった」として、この点を問題視した。

　そして、「労基法が定める減給の制裁額（就業規則による減給の制裁を一賃金支払期における賃金の総額の10分の1の範囲に制限していること）（同法91条）を踏まえ」、<u>「新賃金規程で定めた賃金体系のうち、個人原告らの各月の賃金について、改定前賃金体系による算定に比して20%以上減額する限度で合理性が認められず、無効となる」</u>と判断した。（下線は著者）

　結果、「個人原告らの請求のうち、改定前賃金体系による算定に比して20%を超える減給部分について、同20%減給した額との差額を請求する限度で理由があるから、この限度で認容することとし、その余は理由がないからいずれも棄却する」と結論づけた。

　この裁判において、賃金という労働条件の重要な部分の不利益変更について、変更に関して高度の必要性と一定の合理性があったとしても、新旧体系による不利益の度合いが、各月でみて20%を超える部分が合理性に欠けるという量的判断が下されたことは注目に値する。

　個別労働者の各月の新旧の賃金制度を比較して、各月の不利益額を10%以内とすることが望ましく、それ以上になる場合でも、できる限り20%を超えないよう留意する必要がある。

7 同一労働同一賃金

　同一労働同一賃金法制は、2020年4月1日（派遣労働者関係を除き中小企業は2021年4月1日）にスタートしたものだが、訴訟においてはその考え方が先取りされている。

　特に注目すべきは、最高裁から同日に下された以下の2つの判決である。

> ・ハマキョウレックス事件（最高裁二小平成30年6月1日判決、労働判例1179号20頁）
> ・長澤運輸事件（最高裁二小平成30年6月1日判決、労働判例1179号34頁）

　両事件ともに、運送会社の有期契約労働者が正社員（無期雇用労働者）との待遇差を不合理なものとして争った事案である。なお、不合理な待遇差を不法行為とするこれらの判決の法律根拠は、2020年4月1日スタートのパートタイム・有期雇用労働法ではなく労働契約法である。

> **労働契約法20条（期間の定めがあることによる不合理な労働条件の禁止）**
> 　有期労働契約を締結している労働者の労働契約の内容である労働条件が、期間の定めがあることにより同一の使用者と期間の定めのない労働契約を締結している労働者の労働契約の内容である労働条件と相違する場合においては、当該労働条件の相違は、労働者の業務の内容及び当該業務に伴う責任の程度（以下この条において「職務の内容」という。）、当該職務の内容及び配置の変更の範囲その他の事情を考慮して、不合理と認められるものであってはならない。

ハマキョウレックス事件での正社員は、全国規模の異動の可能性が
あり、将来会社の中核を担う人材という位置づけがあったが、有期雇
用労働者には異動や中核を担う人材としての登用の予定もなかった。
そのため「職務の内容」は同じであっても、「職務の内容及び配置の
変更の範囲」に相違があるとみなされた。

　一方、長澤運輸事件における有期雇用労働者は、もとは正社員で定
年後再雇用されたものであるが、「職務の内容」、「職務の内容及び配
置の変更の範囲」に相違はないと判断された。

　ハマキョウレックス事件においては、格差が問題とされた処遇につ
いて、無事故手当、作業手当、給食手当、通勤手当についての待遇差
をもうけていることは不合理な相違とされ、皆勤手当について相違は
不合理なものとは認められないとした二審の判断は是認できないとし
て、高裁に差し戻した。住宅手当については不合理とはいえないと判
断された。

　長澤運輸事件においては、基本給相当部分（能率給含む）について
支給項目と金額に差があるが、定年退職後の有期契約労働者は総額で
2〜12％の減額に留まっており、一定の条件を満たせば老齢厚生年金
の支給も行われるので、不合理ではないと判断された。

　手当に関しては、精勤手当の不支給が不合理とされた。これを支給
した場合、超勤手当（時間外手当）の金額が変わるため、この部分は
高裁への差戻しとなった。無事故手当、通勤手当については判断され
なかった。

　また、賞与の不支給については、不合理とはいえないと判断され
た。

　この事案においては、一審、二審とも支給総額が重視され、個別の
手当に関する合理性判断は行われなかったが、最高裁では、手当類に
ついて個別の判断が行われた。

　言うまでもなく最高裁判決は、その後の司法判断や行政施策にも大
きな影響を与える。ここに挙げた判決を受けて、同一労働同一賃金に

関する争いにおいては、今後手当等の賃金項目についてその趣旨が問われ、格差の合理性に関して個別の判断が行われていくものと考えられる。

　なお、いわゆる「同一労働同一賃金ガイドライン」（厚生労働省）においても、手当類についての考え方が次の資料ような内容で示されている。

　賃金設計においては、特に手当類の設定について、こうした同一労働同一賃金政策の意図を踏まえて検討していく必要がある。

◆「同一労働同一賃金ガイドライン」で示された手当についての考え方

項　目	判　断
役職手当	役職の内容に対して支給するものについては、同一の内容の役職に就く場合は同一の支給を、役職の内容に相違がある場合は相違に応じた支給を要する
特殊作業手当	業務の危険度または作業環境が同一であれば、同一の支給を要する
特殊勤務手当	交替制勤務等の勤務形態に応じて支給される場合、勤務形態が同一の場合は同一の支給を要する
精皆勤手当	業務内容が同じであれば、同一の支給を要する
時間外労働、深夜労働または休日労働に関する手当	割増率等は同一でなければならない
通勤手当	同一の支給を要する
出張旅費	同一の支給を要する
食事手当	労働時間の途中に食事のための休憩時間がある労働者に対する食費の負担補助として支給されるものは、同一の支給を要する
単身赴任手当	同一の支給要件を満たす者には、同一の支給を要する
地域手当	特定の地域で働くことへの補償の趣旨であれば、同一の地域で働く者には、同一の支給を要する
退職手当	ガイドラインでは原則となる考え方や具体例は示されず、「各事業主において、労使により、個別具体の事情に応じて待遇の体系について議論していくことが望まれる」とされている
住宅手当	
家族手当	

第3章

賃金制度設計手順

1 雇用形態と賃金制度

（1） ジョブ型雇用とメンバーシップ型雇用

　賃金制度設計に当たり、日本の雇用形態の特徴について確認しておく。

　日本では、雇用形態に関する2つの歴史的な系譜があるといわれている。1つは組織に帰属することをその本質とする雇用形態で、メンバーシップ型雇用などと呼ばれ、もう1つは契約概念に裏づけられた雇用形態で、ジョブ型雇用などと呼ばれる。こうした2つのタイプの雇用形態は、江戸時代における奉公人、職人などの形態に源流があるともいわれている。

　現代において、メンバーシップ型雇用は、長期雇用を前提とするいわゆるホワイトカラーなどの「正社員」で、職務も特定のものに限定されないことが一般的である。この雇用形態における賃金は、一般に年に一度定期昇給することが予定されている。

　ジョブ型雇用は、期間を定めたいわゆる「非正規雇用」と呼ばれる雇用形態がとられることも多い。期間を定めない場合でも、職務や成果が契約概念で賃金と直接結びついているのが特徴である。トラックドライバーやタクシードライバー、建設業の職人、歩合給制で働く営業社員、派遣社員などがこれに該当し、医師や看護師なども、このタイプに含まれることがある。ジョブ型雇用においては、定期昇給という概念はほとんどない。

(2) ジョブ型雇用と賃金制度

　トラックドライバーなどのジョブ型雇用においては、長期雇用を前提としたメンバーシップ型雇用と同様の賃金形態をとることは非常に困難である。ジョブ型雇用においては、求められるスキルや成果が明確なため、転職がしやすいという事情がある。人手不足が深刻化するなか、求人市場において他社並み以上の賃金水準を提示しなければ採用がおぼつかない。

　トラックドライバー、タクシードライバーにしても、建設業の職人にしても、その人的機能がビジネスモデルの基盤を成しているので、必要な頭数を揃えることができなければ、売上や機能そのものにダイレクトに影響を与えてしまうのである。同業他社も事情は同じで、支払うことができるぎりぎりの賃金水準が、求人市場おいて設定されることになる。

　こうした事情から、毎年の定期昇給を行うだけの資金余力がないケースが多く、採用競争力のもととなる月例賃金額を一定水準に保つために、賞与原資もきわめて限られているのである。

　働き手は、一定の年収が確保できることを前提として、定期昇給しない、賞与はあってもごくわずかであるという現実をある程度受け入れた上でその職種を選んでいる。だからといって、やってもやらなくてもまったく同じ賃金ということになると、モチベーションを保つことができない。成果に応じて支払う歩合給制の導入は、そうした状況を打開するための方法の１つである。

　人件費という最大のコストを規定し、かつ働き手のモチベーションに直接影響する賃金制度は、事業を成功に導くための最大要因の１つである。制約条件が多いジョブ型雇用の賃金設計は簡単ではないが、知恵を絞り、持続可能で合理的かつ納得度の高い合理的な賃金制度を構築することが求められている。

　賃金制度構築に当たって留意すべき点は、ジョブ型賃金はメンバー

シップ型賃金より劣ったものであるという認識を持たないことである。ホワイトカラーの正社員に適用される定期昇給や賞与・退職金も含まれたメンバーシップ型賃金があるべき姿であって、ジョブ型賃金は各種制約によって不十分なものにならざるを得ない、という考え方は捨てるべきである。むしろ、メンバーシップ型賃金こそ、ジョブ型賃金の要素を取り入れて改革を行う必要があると考えられる。

　トラックドライバーの賃金というジョブ型賃金については、その雇用形態の中で以下に述べる3要素のバランスをとりながら、独自の最適解を求めていく必要がある。

（3）　人事労務マネジメントの3要素のバランスをとる

　当然のことながら、企業経営の中にあって、賃金制度を含む人事労務マネジメントが独立して存在しているわけではない。人事労務マネジメントがよりどころとすべき3つの異なる要素とその原則がある。その3つとは、「経営の論理」、「働き手のモチベーション」、「法制度」で、現実の経営においては、この重要な3つの原則のバランスをとりながら、トータルとしての人事労務マネジメントを実行していく必要がある。

◆人事労務マネジメントの3要素

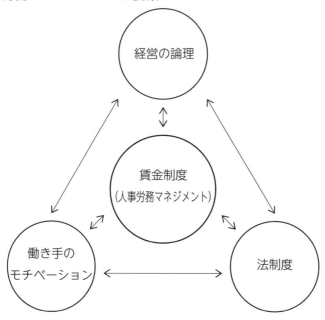

「経営の論理」とは、経営戦略を遂行するに当たって貫くべき経営としての合理性のことである。この合理性の根底には、企業経営によって何を実現したいか、どのような企業をつくっていきたいかという経営者の理念や思いがある。

経営の論理は、「もうけるためのしくみ」である経営戦略ならびにビジネスモデル、そして各種マネジメントによって体系的に展開されていく。人事労務マネジメントもその1つである。

働き手は、当然使用者の思いどおりにはならない。雇用契約は労使が対等の立場で結ぶもので、経営の論理を貫くだけでは、人事労務マネジメントは偏ったものになる。さまざまな制約の中で、「働き手のモチベーション」つまり働く意欲を高める方策を求めていかなければならない。

そして、人事労務マネジメントは「経営の論理」と「働き手のモチ

ベーション」を考慮するだけでは足りない。違反に対する刑事罰を設定した強行法規としての労働基準法など「法制度」の制約を受ける。法制度の要求する事項は、当然クリアしていかなければならない。

賃金制度をはじめとする人事労務マネジメントは、「経営の論理」「働き手のモチベーション」「法制度」の3つの要素のバランスをとりながら、遂行していく必要があるのである。

では、ジョブ型雇用であるトラックドライバーの合理的な賃金制度とはどのようなものだろうか。人事労務マネジメントの3要素の観点から、重要なポイントを確認したい。

① 経営の論理

「経営の論理」からすると、人手不足の中、少しでも良い人材に入社してもらうために、なるべく高い月例賃金を提示する必要がある。そのために、定期昇給の原資や賞与原資が十分に確保できないということはしかたがない。

また、労務費が原価に占める割合が大きいビジネスモデルなので、成果に連動した賃金としたい。賃金を売上に比例して増減する変動費にできれば、それが理想である。

歩合給は、賃金を変動費化する機能を持つが、労働時間の長さが売上と連動するのであれば、時間外手当等の割増賃金の増加は売上増加と連動しているので合理的であるといえる。しかし、その前提として労働時間管理が的確に行われることが求められる。

得意先や受注形態が変化した際に、当然収益構造が変化する。その際には、歩合給制度などの部分を変更したい。変更に一定の合理性がある場合、ルール（規定）に基づく賃金制度にしておけば、仮にドライバーの同意が得られなくてもルール（規定）の変更で対応できる。

経営にとって望ましい職務行動を実践するドライバーに対しては、できるだけ評価・報酬を高くできるような体系としたい。

②　働き手のモチベーション

　「働き手のモチベーション」の観点からは、安定的で高水準の賃金が望ましい。所定労働日数によって賃金額のベースが変化してしまう日給制や時給制は望ましくない。

　また、賞与をもらえることは嬉しいがそれは約束されたものではないので、できるだけ月例賃金である程度の金額を安定的に確保したい。

　「やればやっただけ報われる」を実現することが重要である。その反対の「やってもやらなくても同じ」では、モチベーションを保つことが難しくなる。「走ってなんぼ」の意識を持つドライバーは多く、歩合給が好まれるケースもめずらしくない。

　年次有給休暇の取得や残業代の支払いが労働者の権利として、少なくとも法定どおり行われることを望む。

　ドライバー不足の状態から転職をしやすい環境にあるが、将来不安もあるので、安定的な雇用が保証される 65 歳定年制が望ましい。

③　法制度

　「法制度」の観点の課題は多いが、長時間労働の抑制と割増賃金未払いの防止は最重要課題である。長時間労働と割増賃金未払いは、密接に関連している。

　これまでも述べたように、長時間労働の抑制は使用者の法的責任、民事的責任を果たすために不可欠な要素である。割増賃金未払いを起こさない賃金制度は、適切な労働時間管理によって裏打ちされる。

　また、同一労働同一賃金の原則も、法制度の要求するところである。基本給、手当等の各賃金項目の趣旨と支給基準が明確になっていなければならない。そして支給基準は、正規雇用と非正規雇用の間で不合理な格差をもたらすものであってはならない。この原則については、ジョブ型雇用においてこそ実現しやすい面がある。

　賃金項目の趣旨と支給基準が明確になれば、ルール（規定）に基づ

く賃金制度の実現が実現しやすくなる。

　賃金制度の設計は、「経営の論理」「働き手のモチベーション」「法制度」のバランスを図りながら、均衡点を見つけていく作業となる。

　トラック運送業の賃金設計については、たくさんの要素を勘案して行うために、段階を踏んで検討を進めていく必要がある。実務的には以下のようなステップが考えられるが、あくまで標準的なステップであり、実情にあわせて柔軟に対応していく必要がある。

ステップ	内　容
① 賃金実態確認	・賃金支給一覧の作成 ・世間水準との比較（外部相当性の確認） ・各種偏りの確認（内部公平性の確認） ・割増賃金未払い等の有無確認
② 課題の明確化	・解決すべき課題の明確化 ・制約条件の確認（予算、タイムスケジュール、同一労働同一賃金の原則など） ・実現すべき状態の確認
③ 改革の方向性	・賃金制度改革の大義名分を立てる ・合理的な賃金格差を実現する ・ルールに基づく変更が可能な賃金制度の実現 ・労働時間制の改革
④ 賃金基本構造の検討	・職種を貫く共通要素を増やす ・基幹的賃金、補助的賃金（手当類）、歩合給など、賃金基本構造を決める
⑤ 職種区分と賃金構成・賃金水準の検討	・職種区分の決定 ・職種ごとの賃金構成・賃金水準、ターゲット年収を決める
⑥ 補助的賃金（手当）の決定	・現行手当を評価し、手当の統廃合や新設を行う

		・職務型手当を設定する ・生活補助手当を設定する
⑦	基幹的賃金（基本給等）の決定	・基本給の種類、金額、昇給の有無・方式の検討 ・地域手当、勤続給の検討
⑧	歩合給の詳細設定（歩合制を導入する場合）	・歩合給指標、歩率・単価等の検討 ・出来高払制の保障給の設定（固定的賃金が月例賃金のおおむね6割未満の場合）
⑨	割増賃金支給方式の決定	・労働時間の適切な見積もりが前提 ・原則的割増賃金または含み型割増賃金の選択
⑩	賞与支給方式の決定	・賞与の有無 ・賞与の算定基礎、支給方式の検討
⑪	シミュレーションと内容の修正	・従業員ごと仮決定した賃金項目に金額を当てはめ、新賃金制度における賃金額を算定する ・金額の妥当性、全体バランス等を確認し、修正が必要な場合、設定金額等を変更する
⑫	新賃金制度の最終決定	・課題が解決されたか、制約条件に抵触しないか、実現すべき状態は達成されたかを確認する ・修正が必要な場合、賃金設定、シミュレーションに戻る
⑬	激変緩和措置の設定	・激変緩和措置の必要性、必要年数の検討 ・単月精算方式 or 累積精算方式の選択
⑭	合意プロセスの設計	・説明文書、個別通知書・同意書の作成 ・説明会、個別面談の実施 ・同意の取得 ・就業規則・賃金規程の改定、周知、届出

3 賃金設計における各プロセスの内容

1 賃金実態確認

(1) 賃金支給一覧をつくる

　賃金設計の出発点となるのが、自社の賃金実態の確認である。経営者でも、支給実態を理解していないことが意外に多い。そのため、細部を含めて確認をしていく必要がある。

　そこで、個人ごとの「賃金支給一覧」を作成する。エクセルを使い（本書ではエクセル利用を前提として話を進める）、左の列に氏名を入力し、1人1行を使ってすべての項目を羅列する。時間外割増賃金や歩合給などの変動があまりない場合は、平均的な値を入力していく。それによって、月例賃金の平均額を算出し、あわせて賞与を加えた年収相当額を算定する（117ページ**図表3-1**参照）。このケースでは、エクセルシートは1枚で済む。

　時間外労働や歩合給などが繁忙期・閑散期で大きく変化し、2パターンになる場合はエクセルシートをコピーして2枚作成することになる。望ましいのは、過去1年分の実績を12月（枚）のシートに入力していくのである。そうすれば、時間外労働や歩合給の変化もすべて包含することができる。12枚分のシートの合計はエクセルの演算機能で可能である。

　なお、時間外労働時間数がきちんと把握されていないケースは多く、その場合は新たに実態調査が必要になる。調査により算定した時間数が支給されている時間外割増賃金の計算根拠と違っていることも

あり得るが、ここではその実態の数字を入力しなければならない。ただし、支給金額は実際に支払った金額を入力していく。

　ある程度正確な時間数を把握しないと、割増賃金未払いがあってもそれがどの程度か確認できない。新賃金制度では、コンプライアンスを遵守することが前提なので、未払いが発生しないような賃金体系とするためには、実態としての時間外労働時間数の把握は必須要件となる。

　実態を調査して作成したこのエクセルシート（賃金支給一覧）は非常に重要であり、これを右側に延長したものが新賃金体系のシミュレーションシートになる（189ページ図表3-4参照）。そこに新賃金体系で設定する基本給や手当類等の入力欄を設定して、数字を変化させてバランスを見ていくのである。

(2)　世間水準と比較する（外部相当性の確認）

　賃金には、外部相当性と内部公平性が求められる。外部相当性とは、世間相場と比較して遜色ないかどうかということである。内部公平性とは、自社ドライバー間に「不合理な賃金格差」がない状態をいう。

　これらを視覚的に検証するために、エクセルの機能を使い、上記のエクセルデータから、縦軸に年収、横軸に年齢を置いたグラフを作成する。そしてこのグラフ上に、各人のデータをプロットしていく（119ページ図表3-2参照）。

　ここでの賃金センサスデータは、従業員規模10～99人の規模、全国の「営業用大型貨物自動車運転者（男）」、「営業用普通・小型貨物自動車運転者（男）」、愛知県の「営業用大型貨物自動車運転者（男）」、「営業用普通・小型貨物自動車運転者（男）」の4種類である。なお、男性のデータをとったのは、このジャンルでは女性の年齢別データが公表されていないからである。なお、愛知県のデータは、

◆図表 3-1　賃金支給一覧

氏名	年齢	勤続年数	時間外労働時間数/回数	深夜労働時間数	売上金額	歩率	走行距離	立ち寄り引っ越し組数	基本給	主任手当	特別手当	食事手当	歩合給	家族手当	通勤手当	所定内賃金	時間外手当	割増賃金計	月例賃金合計	未払い割増賃金	有給賞与計	年間額支給合計
地場A	51	26	65.0	95.5				46	269,700	5,000	10,000	10,000			10,000	304,700	128,901	128,901	433,601	11,948	426,190	5,629,402
地場B	58	26	60.0	58.0				47	278,800		10,000	10,000			4,000	302,900	123,044	123,044	425,944	8,824	400,020	5,511,348
地場C	57	23	73.0	37.0				40	297,300		10,000	10,000			13,000	300,300	143,477	143,477	443,777	10,736	387,890	5,713,214
地場D	57	12	42.5	55.0				56	225,000		10,000	10,000			13,000	258,000	70,313	70,313	328,313	6,250	378,450	4,318,206
地場E	38	4	40.5	3.5				56	200,000		9,000	10,000			5,000	224,000	59,559	59,559	283,559	5,658	305,630	3,708,338
地場F	44	20	62.0	80.0				62	272,100		7,000	10,000		16,000	15,000	320,100	124,046	124,046	444,146	7,750	383,040	5,712,792
地場G	42	11	60.5	88.0				62	237,400		7,000	10,000			6,000	256,400	105,608	105,608	362,008	7,563	323,830	4,667,726
地場H	33	1	41.5	34.0				56	195,000		7,000	10,000			6,000	218,000	59,504	59,504	277,504	5,187	279,881	3,609,929
地場I	41	11	43.5	82.5				56	210,800		7,000	10,000			14,000	241,800	67,425	67,425	309,225	5,438	323,630	4,034,330
地場J	39	13	42.0	98.0				56	215,000		5,000	10,000			15,000	261,000	66,397	66,397	327,397	4,632	368,700	4,297,464
長距離輸送K	24	0	40.5	0	920,200	31.0%	7,849	46	102,700			10,000	285,262		10,000	397,982		0	397,982	91,082	10,000	4,765,544
長距離輸送L	53	31	68.5	47	1,254,600	33.5%	9,180	47	141,900			10,000	420,291		2,000	564,191		0	564,191	139,305	80,000	6,850,292
長距離輸送M	53	30	74.5	37.0	1,303,100	32.5%	7,931	40	141,900			10,000	423,508		8,000	573,408		0	573,408	133,736	80,000	6,960,896
長距離輸送N	49	4	113.0	55.0	1,289,700	31.5%	6,588	56	110,000			10,000	406,256		7,000	523,256		0	523,256	160,587	80,000	6,359,072
長距離輸送O	45	21	80.0	3.5	1,312,600	33.0%	9,414	62	131,100	5,000		10,000	433,142		8,000	577,242		0	577,242	116,927	120,000	7,046,904
長距離輸送P	57	20	44.5	88.0	874,300	32.5%	7,683	62	137,300			10,000	284,148		2,000	423,448		0	423,448	106,574	95,000	5,176,376
長距離輸送Q	48	20	88.0	34.0	1,335,100	32.0%	11,478	56	135,100			10,000	427,232		10,000	572,332		0	572,332	145,284	80,000	6,947,984
長距離輸送R	49	15	65.0	82.5	1,109,500	31.5%	5,041	56	136,500			10,000	349,493		5,000	490,993		0	490,993	136,640	80,000	5,971,916
長距離輸送S	33	13	70.0	98.0	1,368,100	31.0%	10,453	56	114,900			10,000	424,111		6,000	545,011		0	545,011	149,918	65,000	6,605,132
長距離輸送T	36	15	107.5	48.5	1,301,200	31.5%	4,091	68	118,800			10,000	409,878		6,000	534,778		0	534,778	160,068	65,000	6,482,336
引っ越しU	58	10	21.5					20	258,800			10,000			15,000	283,800	35,000	35,000	318,800	7,494	365,000	4,190,600
引っ越しV	48	4	30.0					21	230,800	5,000		10,000			6,000	246,800	25,000	25,000	271,800	28,118	304,850	3,588,450
引っ越しW	44	14	17.5					19	238,600		5,000	10,000		14,000	15,000	282,600	35,000	35,000	317,600	▲2,368	341,730	4,152,930
引っ越しX	57	4	11.5					19	214,700			10,000			10,000	234,700	25,000	25,000	259,700	▲6,000	325,500	3,441,900
引っ越しY	53	4	18.5					22	238,400			10,000		16,000	16,000	279,400	35,000	35,000	314,400	▲1,210	398,780	4,171,580
引っ越しZ	34	6	32.5					21	266,000			10,000			11,000	277,000	35,000	35,000	312,000	40,956	362,010	4,106,010
引っ越しZA	34	6	20.5					19	238,400			10,000		16,000	11,000	279,400	25,000	25,000	304,400	12,443	372,210	4,025,010
引っ越しZB	26	5	28.0					24	262,800			10,000			6,000	278,800	25,000	25,000	303,800	31,165	320,300	3,966,530
引っ越しZC	26	6	23.0					23	258,800			10,000			8,000	276,800	25,000	25,000	301,800	20,459	320,300	3,942,530
引っ越しZD	49	4	20.5					19	230,000			10,000			15,000	255,000	25,000	25,000	280,000	11,176	319,850	3,679,850
合計	49		1508.0	600.0	12,068,400		79,708	762	6,078,800	15,000	82,000	200,000	3,863,321	78,000	277,000	10,594,121		1,228,274	11,822,395	1,556,340	7,785,851	148,654,591

現賃金体系

	下位	平均	上位
地場配送	3,609,929	4,720,275	5,713,214
長距離輸送	4,765,544	6,318,845	7,046,904
引っ越し便	3,441,900	3,926,539	4,190,600

※業務手当は固定残業代
※このエクセルシートは、208ページ以下の賃金制度改革事例の内容を使用

全国データに地域係数（13 ページ「**賃金構造基本統計調査（賃金セン サス）のデータについて**」参照）による補正をかけたものである。

　賃金センサスのグラフを見ると、30 代前半以降、賃金額の増加が ほとんどないということが確認できる。

　この世間相場と自社ドライバー賃金の比較によって、外部相当性、 つまり世間相場との乖離を確認する。ドライバー不足が深まる中、自 社の賃金水準が世間相場よりも低いようだと、ドライバーの定着に支 障をきたすおそれがある。賃金制度の見直しに当たっては、賃金水準 について再考していかなければならない。

　ここでは、賃金のばらつきがかなり大きく、半数近くのドライバー が平均値を大きく超えている。ただし、平均値付近に留まっているド ライバーが残りの約半数で、ドライバー間で二極化が進んでいる状態 にある。これは「不合理な格差」に当たる可能性が高い。

　世間相場と比較して遜色なければ、水準について大きな問題はない ということになる。もちろん、世間相場を大きく上回って支給できれ ばそれに越したことはないわけだが、トラック運送業の場合、最大の コストがドライバー人件費であり、世間相場を大きく上回る賃金水準 を設定することは企業の体力を奪うことになる。したがって、世間水 準を少しでも上回る水準を目指すのが現実的な対応であると考えられ る。

(3)　各種偏りを確認する（内部公平性の確認）

　賃金格差は、前述のエクセル上への年収プロット図を分析していく ことで、確認することができる。よく見られる賃金格差には、職種や 車種の違いによる格差、入社時期による格差、前職の賃金水準による ところの格差、そして男女による格差などがある。

　職種や車種の違いは、例えば、長距離輸送、地場配送、引越便、ト レーラー、キャリアカー、タンクローリーなどがあるが、ある職種や

◆**図表 3-2　賃金比較グラフ（年収）**

○○運輸株式会社　様　　2020年1月実施　諸手当・残業代含む

株式会社ビジネスリンク

凡例:
- 全国（営）大貨自動車運転者（男）10〜99人
- 全国（営）普小貨自動車運転者（男）10〜99人
- 愛知（営）大貨自動車運転者（男）10〜99人
- 愛知（営）普小貨自動車運転者（男）10〜99人
- ● 男性
- ○ 女性

グラフ内データ:
- 長距離輸送K ¥4,785,544
- 長距離輸送S ¥6,805,132
- 長距離輸送T ¥6,482,336
- 長距離輸送O ¥6,847,984
- 長距離輸送M ¥6,960,896
- 長距離輸送L ¥6,850,292
- 長距離輸送R ¥6,359,072
- 長距離輸送Q ¥5,977,316
- 長距離輸送P ¥5,176,376
- 引っ越しAB ¥3,945,030
- 引っ越しAC ¥3,542,530
- 地場G ¥4,697,726
- 地場F ¥5,712,792
- 地場E ¥3,807,784
- 引っ越しZ ¥4,106,010
- 引っ越しAA ¥4,025,010
- 地場I ¥4,034,330
- 引っ越しAD ¥4,318,206
- 引っ越しU ¥4,190,600
- 地場A ¥5,629,402
- 地場C ¥5,713,214
- 地場B ¥5,511,348
- 引っ越しW ¥4,152,930
- 引っ越しY ¥4,275,774
- 引っ越しAD ¥3,679,850
- 引っ越しV ¥3,588,450
- 地場H ¥3,609,929
- 地場H ¥3,708,338
- 引っ越しX ¥3,441,900

歳

※このグラフは、208ページ以下の賃金制度改革事例の内容を使用

第3章　賃金制度設計手順　119

車種が特別に優遇されているようなケースがめずらしくない。例えば、長距離輸送でスタートした会社で、その後地場配送や引越し業務などに進出した場合、もともと主流であった長距離輸送部門のドライバーの賃金が突出して高いなどということがある。その違いが業務の負荷や難易度などから合理的で、他のドライバーからみて一定の納得感がある場合はよいのだが、合理的とはいえない格差が生まれていることもある。

　もしそのような職種や車種の違いによる不合理な賃金格差が確認できた場合は、そうした偏りをできるだけ是正する方向で賃金制度を検討していく。

　入社時期による格差については、古参のドライバーほど高賃金になっていることが一般的である。かつての規制緩和前の時代では輸送需要も多く、ドライバーの賃金水準も頑張れば月収70〜80万円、「身体はきついが数年頑張って独立するための資金にする」などという時代もあった。

　しかし、その後、規制緩和の影響により運送事業者が大幅に増加し、トラック運送業界の競争が激化したことを受け、ドライバーの賃金水準も年々下落し、かつてのような稼げる職種ではなくなってきたという経緯がある。

　近年は、ドライバー不足のため、賃金が上昇傾向にあるが、基本的には同一職種であっても古参ドライバーのほうが高賃金であるというのが一般的傾向である。

　入社時期に限らず、前職における賃金水準の影響を受けて高賃金化しているケースもある。ドライバーの採用は、前職を持つキャリア採用が大部分であるが、採用に当たって応募者から前職と同等の賃金水準を求められる、あるいは採用する側も前職賃金を参考にすることが多い。その金額差が格差となって残るというものである。

　賃金制度の刷新に当たっては、内部公平性の実現を大義名分にし、不合理な格差をできるだけ解消していくことを目指す必要がある。

（4）　割増賃金未払いの発生確認

117ページ図表3-1「賃金支給一覧」で、割増賃金未払い額がどの程度発生しているかの確認を行う。未払いがまったく発生していないというケースも稀にはあるが、大部分の企業では程度の差はあれ割増賃金未払いが存在すると考えたほうがよい。

残業代は賃金に含まれている、歩合を支払っているから残業代は払わなくてよい、残業代の代わりに○○手当を支払っているなどという経営側の主張は、労働者が争った場合認められる可能性は非常に低い。

長距離輸送などで時間外労働が非常に多く発生している場合、賃金請求権の存在する2年分の未払い額プラス遅延損害金で、請求額が1人1,000万円近くになることもある。

構造的に長時間労働が発生する職種の場合、時間外労働時間数は賃金設計に直接影響するパラメータ（変数）となるため、その実態把握を行わない限り、適切な賃金設計を行うことはできないと考えるべきである。

❷　課題の明確化

（1）　解決すべき課題の明確化

賃金制度改革に当たっては、先に確認した実態を踏まえて、どのような課題を解決するために行うのか、つまり改革の目的を明確にする必要がある。

経営的に苦しいので、人件費削減を行いたいということがあるかもしれない。逆に、賃金水準を現状よりアップさせ、人材採用に弾みをつけたいという場合もある。

成果を賃金額に反映させ、モチベーション向上を図りたいというも

のもある。

　先に見たように、職種や車種の違いによる格差、入社時期による格差、前職賃金によるところの格差などの不公平さを解消したいということもあり得る。逆に、労働負荷が高い、免許や作業の特殊性があるなどの実態があるのに、その差が賃金に反映されていないとすると公平とはいえない。その場合は、一定の格差をつけることが課題となる。

　評価の高いドライバーや、あいさつ、身だしなみ、燃費改善、事故防止、休日出勤への協力などに対して少しでも賃金で報いたいという思いもある。

　昨今の未払い残業代請求が増加している様子をみて、割増賃金未払いを解消するために賃金制度改革に取り組まれるケースは非常に多いと思われる。

　また、これまで成り行きで個人ごとに賃金を決めてきたが、ルールによって運用できるものに変えていきたいというニーズも少なくない。

　こうした課題、目的はそれぞれ具体的な対応策が異なるため、何のために改革を行うのか、どのような優先順位で行うかを明確にすることが、賃金制度改革に当たって求められるのである。

（2）　制約条件の明確化

　賃金制度改革は、割増賃金未払いの解消等を行う前提で考えると、通常人件費増が伴う。また、賃金体系を変更した場合、賃金増となるドライバーと賃金減になるドライバーが生じることが一般的だが、不利益な変更となるドライバーに対しては、一定期間激変緩和措置を取らざるを得ないことが多いため、全体として支払い賃金額が増額になりがちである。こうした人件費増に対して、経営的にどこまでが許容範囲なのかをあらかじめ判断しておく必要がある。

そして、スケジュール上の制約もある。賃金制度改革は、それを実施しやすい時期、あるいは、実施すべき時期というものがある。そうした時期から逆算して、いつまでに制度設計をしなければならないかが決まってくる。

　賃金制度は、ドライバーにとっては生活に直結する問題であり、仮に直接的に不利益な変更にならない場合であっても、実施直前での通知といった事態は避けなければならない。

　全員への説明、同意書の取得、就業規則または賃金規程の変更手続等を考えると、賃金制度の最終決定は実施（支払い日ではなく新体系のスタート時）の３か月前程度には終える必要がある。労働組合が存在する場合は、組合への説明、そして一般的には団体交渉の要求がありそれが行われるので、プラス３か月程度は見込まなければならないだろう。こうした日程上の制約条件も重要な要素となる。

　同一労働同一賃金の原則も賃金設計の制約条件になり得る。同一労働同一賃金の原則は、正規労働者と非正規労働者の間の不合理な格差を是正しようとするものである。特に手当の支給が争点となりやすい。正規労働者に支払って、非正規労働者に支払わないことについて合理的な説明ができない手当については、極力設定しない方向で考えるべきである。

(3)　実現すべき状態の確認

　解決すべき課題を明確にして、賃金制度改革へのスタートを切るわけだが、制約条件も踏まえて、最終的にどの程度の状態を達成していくかのイメージを持ってから作業に取りかかることをおすすめする。最終的にというのは、激変緩和措置も終了して新賃金制度が完全実施された時点でという意味である。

　例えば、同一職種であって、入社時期の違いによって一方が年収400万円、もう一方が600万円であり、外部相当性、内部公平性から

450万円が適切であると判断した場合、年収600万円から450万円へ変更することは、150万円の年収減となるわけで、これでは25%もの賃下げとなってしまう。したがって、「最終的な水準として10〜15%減にとどめる」といったイメージを持つといった具合である。

　車種による賃金額の差をどの程度つけるかといった問題に対しては、「車種A＞車種B＞車種Cで、それぞれ1万円程度の格差とする」といった大雑把な判断を行うなどである。

　もちろん、詳細な検討を進めていく中で、こうした大雑把な判断はさまざまな観点から修正されていくことになるが、ある程度の見当をつけておくと、その後の検討作業が進みやすいという利点があるので、「解決すべき課題」に対して、「ざっくりとした解決イメージ」を持っておくことをおすすめする。

3 改革の方向性

(1)　賃金制度改革の大義名分を立てる

　現在の賃金制度の課題を明確にし、実現すべき状態の確認を行ったら、賃金制度改革の大義名分について、今一度考えてみる必要がある。

　賃金制度改革は、通常、全従業員にとって有利なものになることはない。ある従業員にとっては有利になるけれど、不利益を被る従業員も出てくる。場合によっては、全従業員に不利益をもたらす改革もあり得る。しかも、賃金制度は、福利厚生のような労働条件の副次的要素ではなく、従業員の生活に直結する基幹的要素である。

　従業員にとってきわめて重要である賃金制度の変更は、その内容によっては抵抗感も大きく、明確な大義名分がないとやり遂げることが難しいのである。

　また、賃金水準をある程度下げないと、会社は近い将来破綻してし

まうというようなものであれば、制度変更の大義名分になり得る。内部公平性の確保も、場合によって制度変更の大義名分になり得る。従業員間での不公平さは、やはりなくすべきというのが人間の普通の感情なのである。

賃金制度改革の経営判断において、外部相当性の観点はきわめて重要である。ところが、外部相当性つまり同業他社や世間水準と比べて高すぎるのではないか、というものは、大義名分になりにくい。自社よりももっと高い会社もあるだろうし、他社は他社であって、なぜそれにあわせる必要があるのか、というのがドライバーの自然な感情だからである。外部相当性の観点は、別に改革の大義名分がある上で、それを補強する要素とするのが精一杯のところだろう。

法制度の改正は大義名分となり得る。同一労働同一賃金の原則などは、わかりやすい観点である。ただし、これも自社外からもたらされた内容なので、それは必要であると思いつつも、同一労働同一賃金を実現するために自分が不利益を被ることについて納得できるとは限らない。

いずれにしても、何のために賃金制度改革を行うかの理論武装を行わないと、強い抵抗をはねのけて改革を遂行していくことが難しいのである。弊社がサポートした事例でも、賃金制度改革案を策定したにもかかわらず、従業員の抵抗が強く、それを押し切って実行するところまでは至らなかった事例が複数ある。それらのケースにおいては、制度改革の大義名分がややわかりにくかったかもしれない、というのが正直なところである。

(2) 合理的な賃金格差の実現

賃金制度は、職務や能力、成果などによって合理的な賃金格差を設けるしくみをいう。

賃金格差が必要ない状態であれば、全員一律の賃金がもっとも合理

的である。しかし実際には、その人材が生み出す価値や組織への貢献度が違う。その違いがあるのに、支給される賃金に差がなければ、それは公平とはいえない。

　職務遂行能力や生み出す価値、役割の重さ、組織への貢献度などを賃金の違いに反映しなければならないが、その違いを金銭評価していく作業が賃金設計プロセスとなる。

　また、職務に関係しないところでも、賃金制度上配慮せざるを得ない部分もある。

　住宅コストや子育てのコストで生活が圧迫されるのは、個人的な事情だが、それに対して配慮するのが典型的なケースである。高額な賃金を支払っていれば、そうした点に配慮する必要はないわけだが、そうではない場合、長期的な雇用を実現するために、住宅コストや子育てコスト等に対して助成する意味で住宅手当や家族手当などの生活補助手当を支給するのである。

　ただし、トラックドライバーなどのジョブ型雇用の場合、採用面の競争力を確保する意味で、求人票に記載できる月例賃金額を高く設定したいという事情があるため、生活補助手当を手厚くするケースは少ないようである。

　賃金体系は賃金・手当の水準や格差について、合理的な意味を持つものにしなければならない。合理的というのは、少なくとも賃金・手当の違いをある根拠に基づいて説明できるということである。それは同一労働同一賃金の流れからしても、クリアしなければならないポイントである。

　逆に、合理的な説明ができない賃金格差は、単なる既得権によるものだということになる。賃金体系を既得権の体系にしてはならないのである。

(3) ルールに基づく変更が可能な賃金制度

　トラックドライバーなどのジョブ型賃金においては、人件費が売上原価の大きな割合を占めるため、経営環境の変化に対応し、賃金制度を変えざるを得なくなることがある。

　現在、ドライバー人材は大きく不足していて、ある程度の水準の待遇を用意しなければ人材を獲得できない。つまり、支払える金額の限界値に近いところで賃金を設定し採用に至るので、収益環境が変わったり、運賃改定が行われたりした場合、賃金制度の変更を行わざるを得なくなることが多いのである。特に歩合給制度を導入している場合はその傾向が顕著である。

　賃金制度の変更は、すべての労働者にとって不利益にはならない場合であっても、ある条件の労働者にとっては、不利益となる場合がある。

　労働条件の不利益変更は、使用者が自由に行えるわけではない。労働条件の不利益変更は、労働者と使用者の合意によることが原則であり、例外的にその変更が合理的なものである場合は、合意がなくても、就業規則の変更により労働条件の変更が可能であるとされている。これらの内容は前述のとおりである。

　経営の根幹のシステムの1つである賃金制度は、経営環境の変化に対応して、コントロール可能な状態にしておくことが重要である。したがって、その内容を就業規則・賃金規程に明確に規定しなければならない。特に、歩合給制度部分については、その計算方式、歩合率等をわかりやすく定義することをおすすめする。

(4) 労働時間の管理強化

① 労働時間制の確認・変更

　労働基準法では、労働時間の上限が週40時間、1日8時間と定め

られており、これを上回った分が時間外労働となる。これが原則的な労働時間制である。

　そのほか、一定の手続きを行った上で、1か月あるいは1年を単位として、1週あたり40時間の労働時間を上限に設定して運用する1か月単位の変形労働時間制、1年単位の変形労働時間制などがある。変形労働時間制を採用する主な目的は、同じ労働実態に対して、一般にそのしくみでカウントしたほうが労働時間の設定に融通が利き、かつ時間外労働時間数が少なく表れるということにある。

　トラックドライバーを対象とした労働時間制でも、こうした変形労働時間制が採用されることがある。しかし実態を見ると、必要な手続きや要求される条件を満たしていないことが少なくない。

　労働時間制は、労働時間管理の基本的枠組みであり、これの枠組みを使って時間外労働が算定されていく。その労働時間制の手続きや運用に瑕疵がある場合、労務管理の信頼性がゆらぎかねない。

　221ページの図表にあるように、変形労働時間制を採用しても、算定される時間外労働時間数が大きくは変わらないという実態もある。

　変形労働時間制が労働実態にフィットし、手続きも問題なく行える場合はもちろん採用すべきだが、その効果がわずかである場合は、ドライバーあるいは管理する側にとってもわかりやすい週40時間、1日8時間という原則的な労働時間制で運用されることをおすすめする。

②　生産性向上と労働時間の正確な把握

　生産性向上は、トラック運送業経営の最重要課題といえる。生産性とは、成果÷投入資源であり、トラック運送業の場合、投入資源の最たるものは投入労働力（≒労働時間）なので、労働時間の短縮が重要な課題となる。

　また、労務リスク発生の根源的要因として長時間労働があり、それが非常に大きな経営課題となっている。

第1章（36ページ）で見たように、長時間労働によるリスクには以下のようなものがある。

- ・ドライバーの健康問題や過労死のリスク。
- ・長時間労働による事故（＝労災）のリスク。この場合、使用者の安全配慮義務違反、被害者に対する使用者責任、荷主や損害を与えた第三者に対する民事的責任、行政処分による事業停止リスクなどが付随して発生する。
- ・36協定で定めた拘束時間を超えるリスク（労働基準法36条違反）。
- ・大きな割増賃金の発生。発生した分が適法に支払われないと、割増賃金未払いの発生（労働基準法37条違反）。

　ただでさえ長時間労働になりがちなドライバー業務であるが、経営側が適切な労働時間の管理を行わずドライバーに丸投げの状態だと、さらに長時間労働に陥りやすくなってしまう。

　トラックドライバーの労働時間管理は、労務管理の肝だが技術的に難易度は高い。特に長距離輸送では会社を長い時間離れてしまうため、時間管理を直接行うことは難しいが、幸いタコグラフやデジタルタコグラフ（デジタコ）があるので、それらをもとに労働時間を間接的に管理することは可能である。

　ちなみにデジタコの場合、車が止まっている時間はその状態が記録されるが、休憩ボタンを押さなければ単に手待ち時間、つまり労働時間としてカウントされる。

　自動車運転者の場合、連続運転時間は4時間が限度である。運転開始後4時間以内または4時間経過直後に運転を中断して30分以上の休憩等を確保する必要がある。なお、この休憩は少なくとも1回につき10分以上とした上で分割することもできる。

　デジタコ等の記録をもとに、自動車が停止している時間については、手待ち時間（つまり労働時間）なのか、休憩時間なのか確認する

必要がある。この作業は、時間が経過すると判断が難しくなってしまうので、原則として、運行が終了するごとにその確認を行うべきである。そして、後日争いにならないように、ドライバー本人の確認サインなどを求めることが望ましい。

　具体的な方法の例を示す。

①　以下のような休憩時間確認用のゴム印を用意する。

②　タコグラフまたはデジタコのチャート紙上で非運転時間の場所を特定し、それが手待ちか休憩かをドライバー本人に確認する。

③　1日の休憩時間を合計し、チャート紙上にゴム印により作成した枠にその時間数を記入する。

④　ドライバー本人の確認サインをもらう。

◆ゴム印例

合計休憩時間	：
確認サイン	

　あわせて、運行結果の全体像を見て、指示された出発時間が早過ぎなかったか、荷主の側の問題はなかったかなどを確認・評価することが望ましい。

　なお、これは労働時間管理方法の一例にすぎない。各職場で実効性のある方法を検討し採用する必要がある。

③　毎日の労働時間の算定がどうしてもできない場合

　労働時間算定をまったく行わないのは、経営にとってリスクが大きすぎる。しかしながら、諸事情によって時間算定が非常に困難な勤務形態もあるかもしれない。そうした場合、少々強引であっても、近似値としての労働時間を算定することが次善の策となる。そして、近似

値としての労働時間をもとに時間外労働に対する割増賃金を支払うのである。とにかく、労働時間の算定を行わないことは避けなければならないのである。

近似値としての労働時間の算定方法としては、方面ごとに道路事情や必要休憩時間も踏まえて、1時間あたりの標準走行距離（30km／1時間など）を設定する。そして、その日の走行距離によって労働時間を算定するのである。なお、1時間あたりの標準走行距離を設定する場合、過去のデータ解析や実験走行などを行うべきであり、その算定根拠を明確にしておくことが不可欠である。そのうえで、その方式に対してドライバーの理解を求める必要がある。

④　目標とする労働時間数の設定

賃金制度改革と労働時間改善はセットで取り組むべき課題である。

賃金総額は、時間外労働時間数によって大きく変わる。逆にいうと、あるべき労働時間数が設定できていないと、合理的な賃金制度設計を行うことができないのである。前述の労働時間管理の改善を行う前提で、職種別、勤務形態別に目標とする労働時間数を設定して、その上で賃金設計を行うことになる。

４　賃金基本構造の検討

《賃金構成要素》

トラックドライバーの賃金設計を行う場合の賃金構成要素を次ページ図表3-3に示す。ここで示した手当等の項目は代表的なものであり、これ以外の内容も当然あり得る。

◆図表 3-3　賃金構成要素

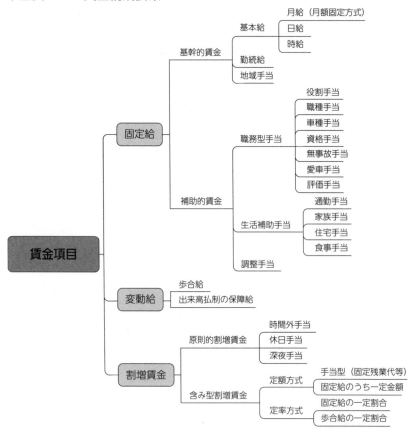

　月例賃金の構成要素は、一定の期間（多くは月）に対して定額で支払われる**固定給**と、出来高などによって支給額が変わる歩合給などの**変動給**に分かれる。そして、これに時間外労働等を行った場合の法定の**割増賃金**が加わる。月例賃金の構成要素は基本的にこの３つである

　固定給は、基本給などの**基幹的賃金**とそれ以外の各種手当により構成される**補助的賃金**に分かれる。

　補助的賃金である手当類は、役割手当（役職手当）、職種手当など職務に対応した**職務型手当**と、家族手当、住宅手当などの**生活補助手**

当に分かれる。

　歩合給は、トラック運送業において広く採用されているが、もちろんそうでないケースもある。割合でいえば、歩合制を採用していない企業のほうが多く、平成26年の就労条件総合調査（厚生労働省）結果によれば、出来高払い制つまり歩合給制を採用している企業数の割合は、「運輸業、郵便業」という括りで24.5％となっている。平成19年の同調査によれば、同じくくりで36.8％という結果であったため、減少傾向にあるとみることもできる。

　最後が割増賃金である。割増賃金は、**原則的割増賃金**つまり時間外労働や休日労働に対して、法定の計算方法で固定給や歩合給とは別に支給するものと、**含み型割増賃金**に分かれる。

　含み型割増賃金には、定額方式と定率方式の2種類がある。定額方式とは、一定の金額を定額で支払っておいて、その範囲であれば時間外労働が変動しても金額が変わらないとする形態である。定率方式とは、固定給や歩合給の一定割合を割増賃金とする方式で、例えば「歩合給の10％は割増賃金として支払う」などとするものである。

　こうした方式を採用するのは、時間外労働の長短によって割増賃金が変動し月例賃金額が大きく上下することを避けたいという意図によることが多い。

　以下、各賃金項目についての概要を述べ、具体的なあり方については、154ページ以下で解説する。

(1)　固定給

《基幹的賃金》

　固定給の中の基幹的賃金を代表する基本給は、ある期間の労働の基本的価値に対して定額支払われる賃金である。ある期間というのは、月、週、日、時間の単位で、それぞれ月給、週給、日給、時給などと呼ばれる。しかし、日本では週給の導入事例はほとんどみられない。

そして、月給（欠勤がない限り月額を固定する賃金）を基本給と呼ぶことが一般的である。

基幹的賃金には、勤続年数に応じて支払われる勤続給、年齢を基準に支払われる年齢給、勤務地域に対応して支払われる地域手当などがある。本書では、地域手当を補助的賃金のジャンルに入れずに基幹的賃金と捉える。

ここに挙げた勤続給、年齢給ともに今や絶滅危惧種といっても過言ではない。日本の賃金制度の主流とみなされるメンバーシップ型雇用において、かつては勤続給や年齢給は一般的であったが、今や採用されることは非常に稀である。

トラックドライバーの賃金制度においても、年齢を基準に支払う年齢給に合理性は見い出しにくい。一方、勤続年数に対して支払われる勤続給は、トラックドライバーの賃金制度において、後述するように一定の合理性を持ち、使い勝手のよいものである。本書においては、年齢給は採用せず、勤続給の活用を賃金制度設計の構想に入れて考えていくこととする。

① 基本給

賃金制度の基幹部分は、「基本給」で構成するのが一般的である。基本給とは呼ばず、職能給、職務給などの名称が使われることもあるが、賃金制度の根幹を形成する賃金であれば、意味は「基本給」と同じである。

ホワイトカラーなどのメンバーシップ型雇用においては、長期雇用を前提として定期昇給が予定されている。かつてのように自動昇給の運用ではなくなってきているものの、実質的には勤続年数とともに昇給ラインを描いていく標準的な「賃金カーブ」が設定されていることが少なくない。この定期昇給は、通常、基本給に反映されていく。

一方、トラックドライバーなどのジョブ型雇用においては、一般的に定期昇給は予定されていない。そして、基本給の位置づけも大きく

異なり、単に月額固定の部分という意味合いが主で、金額も 15 万円前後という低い水準に設定されることが多い。ルール（就業規則・賃金規程）によって支給する考え方を徹底する場合、基本給は一律同じ金額を設定するのがもっともわかりやすい方法である。その場合、職種の差などは職種手当等でカバーしていくことになる。

　賃金制度の基幹部分である基本給は一般に月給（月額固定給与）だが、時給、あるいは日給で設定されることもある。その場合、基本給とは呼ばれずに単に時給、日給といった表現になる。

②　勤続給

　勤続給はトラックドライバーの賃金制度設計で、前述のとおり使い勝手のよい賃金である。仮に基本給を一律の金額に決めた場合、新人でもベテランでも賃金額の違いがなくなるという現象が起きる。勤続給を導入して、例えば年 1,000 円ずつ増やす体系にした場合、新人とベテランの違いは生まれる。また、少額であっても定期昇給されるので、ジョブ型賃金にありがちな、毎年賃金額がまったく変わらないという事態を避けることができる。

　また、入社後一定年数まではその会社の業務に習熟していくので、その範囲で昇給が行われるというのは合理的といえる。

③　地域手当

　地域手当は、全国に複数拠点を持つ企業において、勤務地によって賃金額を変えるために支払う手当である。物価やエリアにおける賃金水準の違いなどを反映させるためのものである。

《補助的賃金》

　基幹的賃金を補う機能を果たす補助的賃金は、前述のとおり、役割手当（役職手当）、職種手当など職務に対応した職務型手当と、家族手当、住宅手当などの生活補助手当に分かれる。

【職務型手当】

④ 役割手当

　班長、主任、リーダーその他、職務上の特別な役割に対して支払う手当である。そのまま班長手当、主任手当、リーダー手当などと呼ばれることが多いが、本書では役割手当という名称で総称することを方針とする。

⑤ 職種手当

　長距離輸送、地場配送、引越便など、職種によって金額が異なることが多く、また次の資格手当と意味が重なる場合がある。

　その他、営業対応がある職種や手積みがある職種などに対して、その負荷を考慮して支払う場合がある。

⑥ 車種手当

　主に乗務する車種の違いを反映する手当であり、自社の保有車両や車種ごとの業務内容を勘案して検討する必要がある。大型車3万円、4t車2万円、2t車1.5万円などである。

　賃金締切期間の途中で車種が変更になる場合や、さまざまな車種での業務に従事する場合など、あるいは保有免許証の種類と実際の乗務車両が異なる場合の取扱いなどもあらかじめ定めておく必要がある。

⑦ 資格手当

　職種手当および車種手当と意味が重なる場合があるが、保有資格に対する手当として設定するものである。運転免許証以外にも、移動式クレーンや玉掛、運行管理者など、業務に必要な資格を保有している場合に対象とするケースがある。

⑧ 無事故手当

　対人および対物における無事故に報いる手当である。無違反も加え

る場合や、名称を無事故手当ではなく「安全手当」などとすることも多い。

⑨　愛車手当

車両の点検や整備、清掃を適切に行うよう促すために設定する手当で、それらが実行されていると判断されれば手当は支給される。ほとんどのケースで支給されるので、点検や整備、清掃が行われないことを防ぐ意味の手当となる。支給額は5千円程度までのイメージである。

⑩　評価手当

ドライバーに対する評価に応じて手当を支給するもので、デジタルタコグラフの診断機能を活用して運転評価を反映させるものや、仕事ぶりや勤務態度等に関して評価基準に基づき評価を行い支給するものなどがある。評価結果（A、B、Cなど）に応じて、2千円～1万円以内程度を支給することが一般的である。

【生活補助手当】

固定給である補助的賃金のうち、主な生活補助手当として、以下のものがある。
⑪　通勤手当
⑫　家族手当
⑬　住宅手当
⑭　食事手当

これらの手当の内容については、161ページ「(4) 生活補助手当の具体例」の中で記述する。

【調整手当】

　賃金はルールに基づく支給が望ましく、本書もその実現を目指しているが、現実にはルールで定められた枠を超えて支給せざるを得ないこともある。そうした際に、本来のルールからはみ出した部分を、調整手当、調整給などの名目で支払うのである。

　どうしても欲しい人材が、賃金制度で定められた基準を上回る賃金を必要としており、経営判断として本人の希望金額で採用に踏み切る場合や、賃金制度を変更した結果、新たな支給基準を上回る賃金を得ている従業員に対して、激変緩和措置として一定期間差額の一部または全部を保障する場合などに支給する。

　留意点が2つある。1つは、賃金項目のすべてをルールどおり運用して、支給すべき金額との差額を調整手当で支払う必要があるということである。基本給や各種手当ての枠を広げて支払ってしまうと、例外として支払われている金額が、管理者にとっても本人にとってもわかりにくくなってしまうのである。それを調整手当に一本化すれば、例外として支払う金額＝調整手当の金額となって明快である。

　もう1つは、支給期限を決めることである。賃金制度変更に伴って、激変緩和措置として支給される調整手当は、支給年数や補てん割合などをしくみ化することが一般的なので、そのケースではルールどおり運用することを徹底すればよい。

(2)　変動給

①　歩合給

　歩合給とは、歩合制によって支給される賃金を指す。トラックドライバーの賃金制度ではなじみが深いものである。歩合制は、旧労働省が編集し平成9年に発行された「労働用語辞典」（日刊労働通信社刊）において、以下のように定義されている。

○歩合制
　労働者の成績に応じて賃金が支払われる出来高払賃金制度の一種。歩合制によって支払われる賃金を歩合給という。主として保険事業等の外交員や自動車運転者などに対する賃金制度として用いられる。具体的にタクシーやトラックなどの自動車運転者に適用される歩合給を例にとれば、①賃金が運賃収入、走行キロ、運搬量等（以下、運賃収入等という。）と同じ割合で変化する一律歩合給、②運賃収入等を数区分し、区分された運賃収入等別に異なる歩率（一般には逓増する）で歩合給を算定してこれを合算する積算歩合給、③運賃収入等を数区分し、区分された運賃収入等によって逓増する歩率で算定する累進歩合給、④自動車運転者の運賃収入等から、一定の方法により計算した燃料費等の諸経費などを控除した金額を、労使間の一定の配分率に基づいて、自動車運転者に支給する運収還元制、などがある。

(3)　割増賃金

　割増賃金支給方法において、原則的割増賃金とは、法定どおりに毎月計算し、そのまま支払う方式である。原則的割増賃金に対して、含み型割増賃金とは、固定残業代等の定額方式、歩合給の一定割合を割増賃金として支給する定率方式などを指す。

　詳しくは、180ページ「⑨　割増賃金支給方式の決定」の中で解説する。

《賃金構造と割増賃金の影響》

　大きな括りで見た賃金構成要素は、固定給、歩合給（変動給）、割

増賃金であることは先に述べた。賃金制度はこの組み合わせによるものであり、その基本構造は以下の3通りとなる。

①固定給＋割増賃金
②固定給＋歩合給＋割増賃金
③歩合給＋割増賃金

　前述のとおり、固定給には、基本給などの基幹的賃金だけでなく、各種手当などの補助的賃金も含まれる。また、基本給は、月給だけでなく日給や時給の場合もあり得る。

　トラックドライバーの場合、長時間労働となるケースが多いため、割増賃金の影響が大きい。

　割増賃金の支払い方については後述するが、固定給や歩合給とは別建てで支払う原則的方法のほかに、含み型で支払う方法がある。

　また、さまざまな意味づけを持たせた手当を設定し、労務管理に役立てたいと思っていても、支払い可能な支給総額が限られ、見込まれる時間外労働時間数によっては、固定給を設定できる範囲が限定されてしまう場合も少なくない。

　仮にある月の所定労働時間が170時間で、実態としては1日12時間労働（13時間拘束のうち休憩1時間）、隔週週休2日制で1か月24日勤務（288時間）とすると、時間外労働時間数の合計は次のとおりとなる。

12 h × 24 日 − 170 h ＝ <u>1か月118時間の時間外労働</u>

　これは、トラック運送業における改善基準告示の拘束時間に関する規制を守る数字であるが、それでも、いわゆる過労死ライン（月80時間の法定外労働）をゆうに超える時間外労働時間数となる。

　仮に時間単価を最低賃金ラインに近い1,000円とした場合で、上記の時間外労働時間での支払金額を計算すると、固定給部分17万円に

対して、割増賃金が147,500円で、合計317,500円となる（法定休日、深夜労働はないと仮定）。

$$1,000 \text{円} \times 170 \text{ h} + 1,000 \text{円} \times 1.25 \times 118 \text{ h} = \underline{317,500 \text{円}}$$

働き方改革関連法施行により、時間外労働60時間超が原則どおり50％増しとなった場合（2023年4月1日〜）は以下のとおりで、割増賃金額は162,000円、合計332,000円となる。

$$1,000 \text{円} \times 170 \text{ h} + 1,000 \text{円} \times 1.25 \times 60 \text{ h} + 1,000 \text{円} \times 1.5 \times (118 \text{ h} - 60 \text{ h}) = \underline{332,000 \text{円}}$$

これに賞与を年間で1か月分（月の固定給部分）支給した場合の年収は以下のとおりである。

$$332,000 \text{円} \times 12 + 170,000 \text{円} \times 1 = \underline{4,154,000 \text{円}}$$

時間給1,000円のみで、他の手当を設定していない状態で年収400万円を超える金額となる。この試算は時間給として行ったが、月給17万円や、基本給＋各種手当（固定給）の合計が17万円とした場合でも計算結果は同様の結果になる。

したがって、想定される時間外労働時間数によっては、固定給を設定できる範囲が少額に限定されてしまい、歩合給を中心に賃金構造を検討せざるを得なくなる。このように、時間外労働時間数は賃金設計に大きな影響を与えることになるのである。

また、固定給を中心とした賃金制度の場合、時間外労働に対する割増賃金額が、歩合給制度に比べて大きくなることから、労働時間を長くするような行動（必要以上に早い出発、時間を掛けた運転など）が生じるケースがないとはいえない。労務管理を徹底しても、事業場外で

の労働実態をすべて把握し、コントロールすることは困難なのである。

　それに対して、歩合給を中心とした賃金制度を採用すると、割増賃金は固定給中心の制度に比べて非常に小さくなるため、割増賃金の獲得を志向する職務行動が発生する余地は大きくないと考えられる。それどころか、特にオール歩合給制では割増賃金の発生額はごくわずかで、仮に労働時間が所定労働時間に満たない場合でも欠勤控除されることはないため、成果を効率よく上げて労働時間を短く収めようとする傾向が生じる可能性もある。

　このように、歩合給の割合の大きい賃金制度では、割増賃金の発生は少額となるため、残業代を志向する長時間労働は起きにくい。ただし、歩合を獲得するための長時間労働が発生する可能性は十分に考えられるところである。

　いずれにしても、固定給を中心とする賃金制度でも、歩合給を中心とする制度でも、長時間労働抑制のための労働時間管理は欠かすことができないものである。

5 　職種区分と賃金構成・賃金水準の検討

《職種を決める要素》

　トラックドライバーと一口に言ってもその職務内容は多種多様である。トラックそのものの種類や運転免許証、運行形態など、さまざまな要素で職種を区分することができる。

　以下が一般的なトラックの種類、運転免許証の種類、運行形態の種類である。

（1）　トラックの種類

①　平ボディ車

　荷台がフラットなので、積み荷の寸法や積み降ろし方法に制約が少

なく、さまざまな荷物に対応が可能。ただし、壁や屋根がないため、積み荷によってはシートをかけるなどして保護する必要がある。

②　バンボディ車

一般的によく普及している形状。荷台がアルミ製の箱形をしており、積み荷を雨風から守ることが可能。荷物の積み降ろしは後ろから行うが、リフトなどは利用できないため基本的にドライバーなどの人力によって行う。

③　ウィング車

ウィング車とは、バンボディと同様にアルミ製の箱形の荷台が載っている車両。荷台の両サイドが開閉可能なため、荷物の積み降ろしがしやすく、リフトによる作業も可能。

④　テールリフト車（テールゲートリフター車)

トラックの荷台の後ろにエレベーターのようなリフトがついている車両。荷物を積み降ろす際の労力を軽減できる。

⑤　トラッククレーン車

荷台の前部にクレーンを搭載している車両。アームが 360 度回転し、重量のある荷物を荷台に楽に積み降ろしすることが可能。

⑥　タンクローリー

主に液体や気体を運ぶことのできる特殊車両。タンクの中には仕切りがあり、数種類を同時に運搬することができる。また、液体を積むと不安定になるため、重心を低くするために荷台が楕円形になっている。積み荷の種類によって機能が違っており、危険物ローリー・非危険物ローリー・高圧ガスローリーなどに分類される。

⑦ キャリアカー

　車両を運搬するための車両。車載専用車または車輌運搬車、車両積載車とも呼ばれ、主に自動車や建設車両を輸送する。

⑧ ダンプ車

　荷台の前部を持ち上げて傾けることができ、荷台に載せた土や砂利を簡単に滑り降ろせる車両。建設や解体現場で土砂や砕石を運ぶために利用されている。

⑨ トレーラー

　トラックが運べない大きな荷物や、大量の荷物を一度に運べる車両。荷物を積む後ろの部分をトレーラーと呼び、車体部分をトラクタという。コンテナ型、バン型、タンク型などがある。運転に当たっては、けん引免許が必要。連結部があることによる内輪差があり、ジャックナイフ、バックなど特殊な技術が必要となる。

(2)　運転免許証の種類

種類 項目	普通免許	準中型免許	中型免許	大型免許
車両総重量	3.5 t 未満	7.5 t 未満	11.0 t 未満	11.0 t 以上
最大積載量	2.0 t 未満	4.5 t 未満	6.5 t 未満	6.5 t 以上
乗車定員	10 人以下	10 人以下	29 人以下	30 人以上
受験資格	18 歳以上	18 歳以上	20 歳以上 免許期間 2 年以上	21 歳以上 免許期間 3 年以上

（3）　運行形態

①ルート配送

②専属便

③地場配送

④長距離輸送

⑤特殊輸送、キャリアカー　など

　上記のように、さまざまな要素で区分することができるが、こうした区分に加えて賃金設計を行う際に注目すべき主なポイントは以下のとおりである。

①フォークリフトやクレーン、けん引、危険物などに関する特別な資格が必要か

②荷役作業や付帯業務（荷積み、荷降ろし、荷造り、仕分、棚入れ、営業対応など）

　・手積み手降ろし、重量物の荷揚げなどの重労務があるか

　・荷造りや仕分け、棚入れなどの付帯業務があるか

　・顧客への営業対応があるか

③業務遂行に関するドライバーの裁量

　・ドライバーによって配送にかかる時間や輸送品質（納期、製品品質維持、作業や配送の正確性など）に差が生じるか

④労働時間数（時間外労働時間数）

　・長時間労働かどうか

　内部公平性の確保に当たり、職務の内容や必要資格などによって、適切な賃金差をつけることが求められるが、その際、上記の各種区分も参考にし、自社のあるべき職種区分を検討する。もちろん、従来設定している区分を変更する必要がない場合は、そのままの区分でかまわない。

《職種区分とそれぞれの賃金水準》

　自社の職種区分を決定したら、それぞれの賃金水準と賃金構造のイメージを明らかにしていく。水準の検討には外部データも参考にする必要がある。

　おおよそのイメージを作っていって、そこから具体的な金額水準を徐々に固めていくことになる。賃金水準を検討するための参考資料としては、前述のとおり賃金センサスのデータが活用できる。また、ハローワークの求人情報にある賃金水準も参考になる。外部データを参考にするのは、「外部相当性」を担保するためには欠かせない作業である。

　厚生労働省の賃金センサスにおいては、主要産業に雇用される労働者について、その賃金の実態を労働者の雇用形態、就業形態、職種、性、年齢、学歴、勤続年数、経験年数別等に明らかにする目的で毎年調査を行っている。

　トラックドライバーについての職種区分は、営業用大型貨物自動車運転者、営業用普通・小型貨物自動車運転者というものになる。前者は大型トラック、後者は中小型トラックと大雑把に解釈できる。このように、車のサイズによる違いは区分されているが、残念ながら、車種や運行形態などによる違いを反映したデータはない。

　この調査によれば、トラックドライバーの年間収入額は、全産業平均と比較して、大型トラック運転者で約1割低く、中小型トラック運転者で約2割低い。

◆年収（再掲）

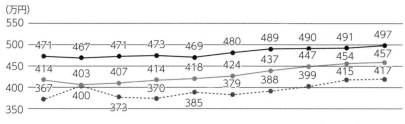

（万円）

	平成21年	平成22年	平成23年	平成24年	平成25年	平成26年	平成27年	平成28年	平成29年	平成30年
全産業計	471	467	471	473	469	480	489	490	491	497
営業用大型貨物自動車運転者	414	403	407	414	418	424	437	447	454	457
営業用普通・小型貨物自動車運転者	367	400	373	370	385	379	388	399	415	417

※年収は、「きまって支給する現金給与額×12＋年間賞与その他特別給与額」にて算出、あくまで概算値である。

出典：賃金構造基本統計調査（賃金センサス）、企業規模計（10人以上）男女計

　以下は、それぞれの職種のイメージと、おおよその賃金支給幅（年収幅（賞与を年間で基本給など月例給与の1か月分程度と仮定））の例示である。実際には各社各様で業務内容も賃金支給幅も異なるため、ここで示すものはあくまで参考例として捉えていただきたい。

① ルート配送

【職種イメージ】

・コンビニエンスストアなどへの定期運送

・24時間3交代制、1台の車両を3人で運行、1勤務拘束9時間（うち休憩1時間）、ほぼ時間外労働なし

・コンテナに区分けされた荷物を、移動棚およびパワーゲートを使って運搬する軽作業

・配送ルートおよび配送時間は基本的には固定されており、ドライバーの裁量はほとんどない

・月額賃金支給幅、17〜23万円程度（年収220〜300万円程度）

②　専属便
【職種イメージ】

- ・製造業や建設資材販売会社など特定荷主の専属便
- ・荷主の倉庫から、客先の倉庫や作業現場への配達
- ・荷主倉庫においてフォークリフトなどを活用して積込み作業を行い、配送先ではフォークリフトや移動式クレーン、手作業で荷降ろしを行う。資材によっては重量物の手降ろしもあり
- ・配送ルートは日々異なるが、ほぼ近隣市町村への近距離配送
- ・始業時刻7時、終業時刻16時、うち休憩1時間で1日の所定労働時間8時間、時間外労働見込み月20～30時間程度
- ・月額賃金支給幅、20～31万円程度（年収260～400万円程度）

③　地場配送
【職種イメージ】

- ・会社から日帰りできる距離（200キロ圏内）へのスポット配送
- ・さまざまな荷主のさまざまな荷物を運ぶフリー便。業務によって車両を乗り換える
- ・始業時刻7時、終業時刻16時、うち休憩1時間で1日の所定労働時間8時間、時間外労働見込み月20～40時間程度
- ・月額賃金支給幅、20～33万円程度（年収260～430万円程度）

④　長距離輸送
【職種イメージ】

- ・長距離の運行を行うもので、1泊2日（日をまたぐという意味）の運行が中心、帰り便の運送を伴うケースも多い
- ・拘束時間（労働時間）が長くなりがちで、始業終業時刻は原則として運行の1週間前までに運行管理部で決定する。時間外労働見込み月50～100時間程度
- ・月額賃金支給幅、28～40万円程度（年収360～520万円程度）

⑤ 特殊輸送、キャリアカー

【職種イメージ】

・カーディーラーへの車両輸送などが該当。積降ろし作業時に車両を傷つけないよう細心の注意が必要な業務

・作業に熟練度が必要なことから、ドライバーの定着や長期的な人材育成を図るため、安定的な賃金体系を設定

・メーカーの生産計画などにより、比較的計画的に配車が決定されるため、突発的な事故等がなければ、安定した労働時間で運行が可能。時間外労働見込み月 20〜30 時間程度

・月額賃金支給幅、25〜35 万円程度（年収 325〜455 万円程度）

《職種ごとの賃金構成》

　自社で決定した職種について、その賃金構成をどのようにしたらよいかを検討していく。はじめから正確な体系を作り上げる必要はなく、デッサン（素描）を行う気持ちで取り組む。

(1)　職種を貫く共通要素を増やす

　複数の職種を有する場合でも、その支給目的が職種によって異ならない基幹的賃金である基本給や勤続給、地域手当、補助的に支給する通勤手当や家族手当などの生活関連手当は、職種を貫く共通要素として設定することができる。そうすることで、全社で統一感を持った賃金制度とすることができ、職種を異動する場合や、掛け持ちで業務を行う場合などにも対応がしやすくなる。

　同一労働同一賃金の原則からしても、職務や地域、勤続年数など、条件が同じなら同じ金額を支払うことが望ましい。規定に照らして該当する賃金（手当等）を支払い、結果として合計金額が異なるといった構造を作ることを目指す。

(2) 職種ごとの賃金構造を決める

　職種区分のイメージを前提として、それぞれの職種に関しての賃金構造を検討していく。

　職種ごとに、基本給や諸手当、割増賃金をどのような意図を持って組み合わせるかを以下に示した。あくまでも職種ごとの賃金構成例であり、各社の考え方や事情によって構成を変えていく必要がある。

　なお、ここでは職種ごとの賃金の構造を示すにとどめ、基幹的賃金である基本給や歩合給、補助的賃金である手当類を具体的にどのように考え、金額を含めてどのように設定していくかは次のステップで詳細に検討していく。

① ルート配送

賃金構成例		内　　容
基本給（時間給制）		・基本的にはドライバーの裁量はほとんどなく、決められたルートや時間で配送業務を行うことから時間給制 ・渋滞などの道路状況や、駐車スペースの確保など、都市部における配送は業務負荷が高い、また深夜時間帯の勤務も負担が大きいため、時間給に差を設け公平性を図る方法もある。
諸手当	役割手当 （リーダー）	・会社とドライバーとのコミュニケーションの促進を図る役割に対して支給
	通勤手当	・基準により支給
割増賃金	時間外手当	・原則的な支給方法
	休日手当	
	深夜手当	

② 専属便

賃金構成例		内　容
基本給（月給制）		・月額固定の賃金
諸手当	勤続給	・顧客との関係性構築や、荷積み荷降ろしなど荷物の取扱いに習熟や知識が求められるため ・定期昇給の意味合いも持たせるため、上限20年の設定とする。
	車種手当	・主に乗務する車種（車両の大きさ）によって支給
	資格手当	・フォークリフトや移動式クレーン（玉掛とセット）の技能講習修了証を有する場合に支給
	安全手当	・対人および対物事故や交通違反、輸送事故などがなかった場合に支給
	通勤手当	・基準により支給
割増賃金	固定残業手当	・交通渋滞や時間外の配送等により、毎月一定時間発生する時間外労働分を吸収するため固定残業手当を設定
	時間外手当	・固定残業手当を超える時間外労働があった場合、休日および深夜労働があった場合は、固定残業手当に加えて別途支給
	休日手当	
	深夜手当	

③ 地場配送

賃金構成例	内　容
基本給（日給制）	・日によって業務量が異なるため、最低賃金をまかなえる額の設定で日給制 ・業務量の差は歩合給でカバーする。

歩合給		・業務によって乗務車両や距離、手積み手降ろし等の作業負担が異なるため、それぞれの運行ごとに単価を設定し歩合給として支給 ・歩合給の 30％を定率の含み型時間外手当として支給
諸手当	無事故手当	・対人および対物事故や交通違反、輸送事故などがなかった場合に支給
	愛車手当	・業務によって車両を乗り換え、1 人 1 台自分専用車両ではないことから、車両を丁寧に扱ってもらうために支給
	通勤手当	・基準により支給
割増賃金	時間外手当	・歩合給に含まれる定率の時間外手当を超える時間外労働があった場合、休日および深夜労働があった場合は、別途追加で支給
	休日手当	
	深夜手当	

④ 長距離輸送

賃金構成例		内　　容
歩合給（完全歩合給制） （併せて出来高払給制の保障給も設定）		・拘束時間が長くなりがちで、時間外労働の見込みは月 80 時間程度 ・支払可能総額と割増賃金の関係で固定的賃金は設定できないため、運行ごとに会社が決定した標準売上金額に歩率を乗じて算出した歩合給を支給 ・対人および対物事故や交通違反、輸送事故などがなかった場合、無事故歩率を加算する。
諸手当	通勤手当	・基準により支給
割増賃金	時間外手当	・原則的な支給方法
	休日手当	
	深夜手当	

⑤ 特殊輸送、キャリアカー

賃金構成例		内　容
基本給（月給制）		・固定給を中心とした安定的な賃金体系とする。
諸手当	勤続給	・積降ろしに熟練度が求められるため。
	職種手当	・輸送する車両のグレードに応じた区分を設定。
	評価手当	・安全運転に加え、積荷車両の損傷、客先からのクレームなど輸送品質を評価対象とする。
	通勤手当	・基準により支給
割増賃金	固定残業手当	・交通渋滞や時間外の配送等により、毎月一定時間発生する時間外労働分を吸収するため固定残業手当を設定。
	時間外手当	・固定残業手当を超える時間外労働があった場合、休日および深夜労働があった場合は、固定残業手当に加えて別途支給。
	休日手当	
	深夜手当	

《職種ごとの年収幅、ターゲット年収》

　職種ごとの賃金構造を決めたら、同じく職種ごとの年収幅とターゲット年収を決める。

　年収幅とは言うまでもなく、下限年収と上限年収であり、ターゲット年収とはその職種のあるべき年収のことで、下限年収と上限年収の中間値としてもよい。

　この年収には、想定される時間外労働に対する割増賃金や、賞与を支給する場合、標準的な賞与額も含めて考える。

職種	下限年収	上限年収	ターゲット年収 （中間値）
職種A	○○○万円	○○○万円	○○○万円
職種B	○○○万円	○○○万円	○○○万円
職種C	○○○万円	○○○万円	○○○万円
職種D	○○○万円	○○○万円	○○○万円

⑥ 補助的賃金（手当）の決定

（1） 具体的な金額決定の手順

　具体的な賃金制度の構築に入ることになるが、設計手順には次の選択肢がある。

---

①職種ごとの年収を想定し、各種手当（割増賃金含む）や賞与を設計した残りを基本給とする方法
②職種ごとの基本給、各種手当（割増賃金含む）、賞与をそれぞれ設計し年収を算出し、想定年収と合致しない場合は元に戻って修正を行う方法

　一般的には、②の方法をとることが多いと考えられるが、実際は①の方法が合理的である。理由は、基本給額に関してはこの程度がよいという判断基準がないためである。むしろ、手当のほうが設定しやすい。手当はそれぞれ支給理由が明確なので（明確でないものは次に述べるように廃止すべき）、基本給よりも金額を決めやすいのである。もちろん、全体の構造と手当、基本給を決めた上で、最終的には年収で職種間のバランスを保つ必要があるため、調整自体は必要となる。

　なお、繰り返しになるが、時間外労働時間数や休日労働時間数、深夜労働時間数をどの程度に見積もるかは賃金設計に大きな影響を与え

る重要な要素となるので、その見積もりを事前に行う必要がある。

(2)　手当の統廃合を行う

　手当については、賃金制度の見直しに当たって、統廃合が必要になる場合が多い。手当が不均一に支給されていたり、趣旨のよくわからない手当が支払われたりしていることが多いからだ。

　手当ごとの支給目的や今後の必要性を検討し、必要でないものは廃止し、その分を「賃金改定の原資」として確保していくこととする。特に特別手当・調整手当・職務手当などの名称で支払われている手当は、設定当時には目的や意味があったものでも、現在は機能していないことも多いため、再確認を行った上で整理統合、支給額の増減を行う必要がある。

　なお、トラックドライバーなどの現業職については、家族手当や住宅手当など労務提供に直接関係のない手当は、廃止していく傾向が特に強くなっているのは前述のとおりである。それは、求人の際に提示できる月例賃金額をできるだけ大きくしたいという趣旨からである。

　手当は必要なものに限り設定していくが、その内容に明確な意味を持たせていくことが重要である。職種や車種による負荷や難易度、必要な資格の違いなどを手当額の差として表現していくことになる。

　また、行動への動機づけとして設定する手当もある。評価手当や無事故手当を設定することで、取ってもらいたい職務行動への動機づけを行い、取ってもらいたくない行動の抑制を図るのである。

　トラックドライバーに対する主な手当の種類やその設定額の考え方、金額の例を次ページ以下に挙げる。

（3）　職務型手当の具体例

①　役割手当

　ドライバー職において、班長、主任、リーダーなどの役職が設定される例は少なくない。メンバーシップ型雇用のようにいくつもの階層を設定し、職位を区分するわけではなく、主にドライバーのまとめ役やコミュニケーション役を担ってもらうケースが多い。コミュニケーション役とは、一般的には、会社からの通達事項等をメンバーに周知することや、逆にメンバーの意見等を会社へ伝えるなど、会社とドライバーのコミュニケーションを促進する役割を期待するものである。この場合、役職がついていても、その機能や期間も限定的なものが多く、基本はドライバー職ということになるので、固定的なイメージを持つ役職手当よりも役割手当と称するほうがしっくりくる。

　金額としては、リーダーや班長という役割で、5千〜2万円程度の設定が多くみられる。

②　職種手当

　輸送の形態や関連する作業の違いなどから、職種が区分されることがある。例えば、長距離・地場・引っ越しなどの輸送形態の区分や、手積み手卸しであったり、フォークリフト作業や営業活動があったりする場合などの違いで手当が設定される。

　その会社なりの価値観によって序列が意識されることもあるが、他のドライバーの納得感が得られるような区分と金額の設定が必要である。

　設定例は次のとおりである。

【輸送形態を根拠とする手当】

区　　分	支給額（月額）
引越便	20,000 円
長距離便	30,000 円

【付帯作業を根拠とする手当】

区　　分	支給額（月額）
手積み手降ろし作業	20,000 円
営業活動	30,000 円

③　車種手当

　主に乗務する車種の違いを反映する手当で、ドライバーはこの乗務する車両の大きさにこだわりを持っていることが多い。自社の保有車両や配送業務内容を勘案して検討する必要がある。設定例は次のとおりである。

区　　分	支給額（月額）
小型車（軽〜最大積載量（以下同様）2 t 未満）	10,000 円
中型車（2 t 以上 6.5 t 未満）	20,000 円
大型車（上記以上）	30,000 円
トレーラー	40,000 円

　また、賃金締切期間の途中で車種が変更になる場合や、さまざまな車種で業務に従事する場合や複数の車種に乗務する場合においては「賃金締切期間の途中で車種に変更があった場合は、最も多く乗務した車種の区分で支給する」など、その取扱いをあらかじめ定めておく必要がある。

④ 資格手当

　職種手当や車種手当と意味合いが重複する場合があるため注意が必要である。保有する運転免許証によって支給する場合や、移動式クレーンや玉掛など、自社の業務に要する資格に対して支給する場合がある。エネルギー系輸送の場合は危険物取扱者などの設定も考えられる。また、会社として資格保有者が不可欠である運行管理者の資格取得を推進する意味で、手当を設定する場合もある。

　設定額は1千〜1万円程度と考えられるが、自社の業務内容に応じた重要度により金額を変える。資格手当の例としては以下のようなものがある。

区　　　分	支給額（月額）
玉掛作業者	3,000円
小型移動式クレーン運転技能講習修了	3,000円
危険物取扱者（丙、乙四）	5,000円
運行管理者	5,000円

　なお、資格手当のように毎月支給することに代え、資格取得時に祝い金などの一時金を支給する方法もある。受験費用や交通費、日当などを支給して資格取得を促進するというケースもある。最近ではこの方式が増えつつある。

⑤ 無事故手当

　トラック運送業では、無事故手当を設定していることが多いと考えられる。これは対人および対物事故や交通違反、輸送事故などがなかった場合に支給する手当である。前述のとおり安全手当の名称を用いる場合もある。

　車種によって金額を変える場合もあるが、それは大型車両ほど事故

のダメージが大きくなるからである。金額としては、1～4万円程度の設定が一般的と考えられる。

　小さな違反や小さな損害の場合は無事故手当を1か月支給停止するが、大きな違反や大きな損害の事故を起こした場合は、数か月間手当を支給しないという対応になる。

【職種別の設定例】

区　　分	支給額（月額）
長距離輸送業務	30,000 円
中距離輸送業務	20,000 円
近距離輸送業務	10,000 円

【車種別の設定例】

区　　分	支給額（月額）
トレーラー乗務	40,000 円
大型車乗務	30,000 円
中型車乗務	20,000 円
小型車乗務	10,000 円

　複数の営業所や、1つの営業所の中で複数の部署を有している企業では、営業所や部署などの一定組織内（会社、営業所または会社が指定する組織）における対人および対物無事故、無違反に対して報いる「営業所無事故手当」を設定する場合がある。この意図は組織の連帯責任を設定することで、事故防止の実効性を上げていこうというものである。

　営業所無事故手当の場合、複数年無事故無違反を継続して達成した場合は積み増して支給することもある。積み増しする金額は大きなものではなく、月額1～2千円程度である。

⑥ 愛車手当

車両の点検や整備、清掃を適切に行うよう促すために設定する手当である。評価が恣意的に行われないよう注意する必要がある。配車係や運行管理部などで一定の評価基準に基づき決定するといった合理性が求められる。評価をどのタイミングで（毎月、半期ごと、1年に1度など）行うのかもポイントとなり、それらについてもルール化しておく必要がある。

手当の設定例は以下のとおりである。

評　価	支給額（月額）
A　適切に実施していた	5,000円
B　おおむね適切に実施していた	3,000円
C　実施が不十分	0円

なお、洗車や清掃は標準仕様（掃除や清掃の仕方や質）と標準時間を定めておく必要がある。中には、頻度高くワックスを掛け、ホイールもピカピカにしたいというドライバーも存在するが、こうした作業には必要以上の時間を要することがあるからである。

⑦ 評価手当

ドライバーに対する一定期間の評価に応じて手当を支給するものである。評価は、デジタルタコグラフの診断機能を活用し運転評価を反映させる場合や、配車への協力、明るい挨拶、身だしなみ、欠勤・遅刻早退をしないこと、客先からのクレームの有無、日報等の報告、改善提案など、勤務態度に対する評価に基づき行う場合などがある。なお、前項の愛車手当と同様に、評価が恣意的に行われないよう注意する必要がある。

いずれの場合も、評価項目を公表し、ドライバーに取ってもらいた

い行動をあらかじめ明示しておくことが必要である。

　毎月評価を行って手当額を変動させる方式や、年1回や年2回など一定期間ごとに評価を行いその期間は固定額を支給する方式がある。

【デジタコ基準】

評　価	支給額（月額）
デジタコ評価 A　デジタコ総合評価点 95 点以上	10,000 円
B　デジタコ総合評価点 85 点以上	5,000 円
C　デジタコ総合評価点 85 点未満	0 円

【勤務態度基準】

評　価	支給額（月額）
A　求められる水準を大きく上回る	10,000 円
B　おおむね求められる水準どおり	5,000 円
C　求められる水準を大きく下回る	0 円

（4）　生活補助手当の具体例

①　通勤手当

　通勤手当は一般的に採用されている手当で、それを支給している会社は多いと考えられる。設定基準としては、国税庁が定める通勤手当の非課税限度額を基準に支給しているケースや、会社独自で距離や金額の設定を行っているケース、会社が取引きしているガソリンスタンドのガソリン単価を基準に毎月単価の見直しを行っているケースなどさまざまである。いずれの場合でも、支給額の上限を設ける場合が一般的で1万円程度までの支給が多いようである。

通勤に掛かる費用に応じて通勤手当を支給する場合は、割増賃金の計算基礎から除外することができる。

A）所得税法上の非課税枠をそのまま活用する例（マイカー通勤の場合）

片道通勤距離	支給額（月額）
2km以上 10km未満	4,200 円
10km以上 15km未満	7,100 円
15km以上	10,000 円

B）会社が独自で定めた区分ごとに支給額を支給する例（マイカー通勤の場合）

項　　目	支給額（月額）
通勤距離が片道 2 km 未満	3,000 円
同　　　片道 2 km 以上 5 km 未満	4,000 円
同　　　片道 5 km 以上 10 km 未満	5,000 円
同　　　片道 10 km 以上 15 km 未満	6,000 円
同　　　片道 15 km 以上 20 km 未満	7,000 円
同　　　片道 20 km 以上 25 km 未満	8,000 円
同　　　片道 25 km 以上 30k m 未満	9,000 円
同　　　片道 30 km 以上	10,000 円

C）1 km あたりの単価×通勤距離（片道・往復）で設定する例

規定例	自動車等での通勤者は、自宅から会社までの片道最短距離 1 km あたり 400 円/月とする。ただし、1 km 未満は小数点第 2 位を切り捨て、支給上限は 10,000 円とする。

②　家族手当

　扶養家族を有する者に対して支給する手当である。近年、配偶者に対する手当を縮小または廃止して、子供に対する手当額を増額しているケースが増えている。

　配偶者分で支給する場合は、配偶者の所得により支給制限を設けるケースが一般的で、配偶者控除や配偶者特別控除の対象者に限るなどと設定する。また、子供分で支給する場合も、年齢や学生か否かで支給制限を設けることが多い。

【子供に対する支給要件例】

　・扶養親族である子（ただし、所得税法上控除対象扶養親族として扱われない 16 歳未満の子についても支給対象とする）
　・22 歳到達年度末までの昼間学生　一子につき　　月額　5,000 円／人
　・　　　　　　　同　　　　　　　　第三子から　　月額 10,000 円／人

　なお、家族手当は家族の人数等に応じて支給する場合には、割増賃金の計算基礎から除外することができる。

③　住宅手当

　トラックドライバーへの支給はほとんど見かけない手当だが、複数の事業拠点を有する場合で、大都市と地方など地域間における住宅に係る費用の差を補てんするために設定する場合がある。過去に人手不足に対応するため社員寮を完備した会社もあり、その名残で設定している会社もある。

　また、地域差をどのように設定するか、持ち家の場合どう扱うか、何歳まで・勤続何年まで支給するのかなど、どのような区分で設定しても完全に公平な基準が作りにくい手当である。

【住宅手当設定例】

　・家賃月額またはローン返済月額が 10 万円未満の者　　　5,000 円
　・家賃月額またはローン返済月額が 10 万円以上の者　　　10,000 円

なお、住宅に要する費用に応じて支給する場合には、割増賃金の計算基礎から除外することができる。

④　食事手当

　事業場外で勤務するトラックドライバーに対して、食事代を補助するために支給する手当である。今では減少しつつあるが、経営者がこの手当にこだわりを持っている場合もある。

　年次有給休暇を取得しても支払いが必要な皆勤手当を廃止し、その代わりに出勤を促す意味でこの食事手当を支給するケースもある。なお、実際の出勤を前提として支給し、年次有給休暇を取得した際には支給しないことについて違法性はないという労働基準監督署の判断を得ている。

【食事手当設定例】

①1運行あたり200円、ただし、1か月の支給は4,000円を上限とする。

②出勤日数1日につき800円を支給する。ただし、実際の勤務時間が8時間以上、かつ遅刻または早退のない場合に支給する。

(5)　非正規雇用者との格差をなくす

　手当の趣旨、機能が明確になると、その支給対象となるかどうかが明確になる。

　働き方改革の関連で2021年4月からは、中小企業にも正規労働者と非正規労働者の間の不合理な格差をなくす同一労働同一賃金の原則が適用されることになる。手当の趣旨・機能が明確になった上で、正規社員と非正規社員で支給格差をつけることは、この原則に反する差別的取扱いに当たる可能性が高い。なお、この場合の非正規労働者とは、契約社員、アルバイトや定年後再雇用の嘱託社員など、期間の定めのある労働者または短時間労働者を指す。

労働者の権利意識の高まりや慢性的人手不足も踏まえて考えれば、支給基準が明確な手当類については、正規非正規間で同一の基準で支給することが望ましい。

7 基幹的賃金を決める

(1) 基幹的賃金の内容

① 勤続給

勤続年数の長さに対して報いるという意味で支給する手当である。入社後一定年数まではその会社の業務に習熟していくので、業務の習熟に通常必要な期間に応じて上限を設けるというのが基本的な対応である。

一般的にドライバー職には定期昇給を設定しないが、勤続手当はその代替としても機能する。基本給を一律の金額とした場合であっても、ベテランと若手の差を付けることが可能となるし、毎年賃金額が変わらないという状況を避けることができる。

習熟に応じて支給するという趣旨の場合は、5〜10年程度の設定となり、定期昇給の意味で支給する場合は30年程度まで設定することがある。1年あたりの金額はさまざまだが、長期であればあるほど大きな金額を設定することは難しくなる。年1,000円から2,000円が限界だろう。

1年1,000円の昇給で、10年間で昇給打止めとすれば、勤続給の合計金額は1万円が上限となる。20年なら2万円、30年なら3万円ということである。

20年間あるいは30年間、習熟による成長が実現するかどうかは疑問な点もあるが、しくみとして最高3万円程度の格差であれば、年功要素をこの部分に限って取り入れることは、不合理とまではいえない。

②　地域手当

　複数の事業拠点を有する場合で、大都市と地方など地域間における
さまざまな「差」を埋めるための手当である。賃金額を変える理由の
1つに、物価の違いがある。生活コストが違うので、それをある程度
解消するために、何らかの手当を支払うというものである。物価の違
いだけでなく、地域における賃金水準の違いを埋めるという意味もあ
る。むしろこちらのほうが実態に近いのではないか。また、通勤事情
や積雪を考慮するケースもある。

　手当による対応でなくても、例えば基本給水準そのものを変更する
という方法もあるが、賃金制度はできるだけ統一的なものにしておい
たほうが体系としてのバランスが保てるし、仮に転勤があった場合で
も対応がしやすいという事情がある。

　地域手当として一定額を支給するのではなく、基本給などに地域ご
とに定められた係数を乗じて支給する方式もある。

　例えば、国家公務員の場合、定額の手当ではなく基本給に相当する
俸給や扶養手当に地域によって定められた比率を掛けて金額を決め
る。主に民間賃金の高い地域に勤務する職員に支給するというのがそ
の趣旨である。率を掛ける方式だと、賃金の高い層がいっそう有利に
なる。

　金額格差は地域間の「差」を判断して設定することになるが、最大
でも3万円程度の場合が多いと考えられる。なお、最低賃金が都道府
県ごとに定められており、この金額の違いが都道府県の差を勘案する
際に1つの目安にはなると思われる。最低賃金について、各都道府県
と全国加重平均額との比較パーセンテージを以下に示す（2019年10
月改正）。あわせて、賃金センサスデータをもとにした各都道府県と
全国の年収比較データも示す。

◆令和元年度　地域別最低賃金の全国一覧（厚生労働省）

都道府県名	最低賃金時間額（円）	対全国比	都道府県名	最低賃金時間額（円）	対全国比
北海道	861	95.6%	京　都	909	100.9%
青　森	790	87.7%	大　阪	964	107.0%
岩　手	790	87.7%	兵　庫	899	99.8%
宮　城	824	91.5%	奈　良	837	92.9%
秋　田	790	87.7%	和歌山	830	92.1%
山　形	790	87.7%	鳥　取	790	87.7%
福　島	798	88.6%	島　根	790	87.7%
茨　城	849	94.2%	岡　山	833	92.5%
栃　木	853	94.7%	広　島	871	96.7%
群　馬	835	92.7%	山　口	829	92.0%
埼　玉	926	102.8%	徳　島	793	88.0%
千　葉	923	102.4%	香　川	818	90.8%
東　京	1,013	112.4%	愛　媛	790	87.7%
神奈川	1,011	112.2%	高　知	790	87.7%
新　潟	830	92.1%	福　岡	841	93.3%
富　山	848	94.1%	佐　賀	790	87.7%
石　川	832	92.3%	長　崎	790	87.7%
福　井	829	92.0%	熊　本	790	87.7%
山　梨	837	92.9%	大　分	790	87.7%
長　野	848	94.1%	宮　崎	790	87.7%
岐　阜	851	94.5%	鹿児島	790	87.7%
静　岡	885	98.2%	沖　縄	790	87.7%
愛　知	926	102.8%	全国加重平均額	901	100.0%
三　重	873	96.9%			
滋　賀	866	96.1%			

◆都道府県別年収の全国一覧

都道府県	年収 (千円)	対全国比	都道府県	年収 (千円)	対全国比
北海道	4,246	85.4%	京　都	4,880	98.2%
青　森	3,719	74.8%	大　阪	5,328	107.2%
岩　手	3,839	77.2%	兵　庫	4,903	98.6%
宮　城	4,602	92.5%	奈　良	4,762	95.8%
秋　田	3,712	74.7%	和歌山	4,396	88.4%
山　形	3,829	77.0%	鳥　取	3,902	78.5%
福　島	4,216	84.8%	島　根	3,965	79.7%
茨　城	4,984	100.2%	岡　山	4,509	90.7%
栃　木	4,884	98.2%	広　島	4,866	97.9%
群　馬	4,561	91.7%	山　口	4,532	91.1%
埼　玉	4,878	98.1%	徳　島	4,244	85.4%
千　葉	4,880	98.2%	香　川	4,526	91.0%
東　京	6,223	125.2%	愛　媛	4,066	81.8%
神奈川	5,532	111.3%	高　知	3,999	80.4%
新　潟	4,107	82.6%	福　岡	4,592	92.4%
富　山	4,475	90.0%	佐　賀	4,013	80.7%
石　川	4,482	90.1%	長　崎	4,002	80.5%
福　井	4,296	86.4%	熊　本	4,079	82.0%
山　梨	4,561	91.7%	大　分	4,158	83.6%
長　野	4,457	89.7%	宮　崎	3,655	73.5%
岐　阜	4,752	95.6%	鹿児島	3,954	79.5%
静　岡	4,798	96.5%	沖　縄	3,695	74.3%
愛　知	5,546	111.5%	全　国	4,972	100.0%
三　重	4,974	100.0%			
滋　賀	4,948	99.5%			

※年収とは、きまって支給する現金給与額×12 ＋前年に支給された年間賞与その他特別給与額をいう。

出典：平成30年賃金構造基本統計調査（賃金センサス）、企業規模計（10人以上）男女計

③　基本給

　最後に、基本給の検討を行う。繰り返しになるが基本給の金額に本質的な意味はないので、金額設定は、逆算方式つまり支払うべき月例賃金の水準から、設定した手当金額と想定する割増賃金を差し引いた残りの金額とするという考え方が実践的である。

　また、基本給を検討する際に、その機能を考慮の上、どのような形態で設定するかを検討する必要がある。

(2)　基本給の支払い形態

　時給制は時間あたりで賃金を支給する形態で、宅配やコンビニ配送などドライバーの裁量が小さい業務や、フルタイムでない働き方に適している。

　日給制は出勤日数に応じて賃金を支給する形態で、1日で完結する業務や日ごとに業務内容が異なる場合に適している。また、出勤すること自体へのインセンティブとする意味もある。

　月給制（日給月給制とも呼ばれる）は、毎月の所定日数に変動がある場合でも、毎月同額を支給する形態で、最も採用されている形である。ただし、遅刻早退欠勤等があった場合は賃金控除する。幅広い業務を命じる場合や成果を数値で評価することが難しい業務の場合は、歩合給を採用することが難しいため、月給制の基本給を採用することが一般的である。

(3)　基本給の設定方法

①　総合決定方式

　「基本給は、本人の能力や貢献度等を総合的に勘案して決定する」といういわゆる総合決定方式が取られることが多い。メンバーシップ型雇用の場合だけでなく、トラックドライバーのようなジョブ型雇用

においても、この形態は非常に多いのである。

　しかし、この方式は避けるべきである。経営環境変化に対応して、賃金額を不利益に変更せざるを得ない場合、原則として同意が必要になる。ただし、一定の合理性があれば、就業規則・賃金規程の変更により行うことができるわけだが、総合決定給においては、就業規則・賃金規程に金額の定義がないため、同意によるしか変更できないということになってしまう。

　以下の一律設定方式であればその金額の定義を変えることで、賃金表方式であれば賃金表の書換えによって技術的には変更が可能となる。また、昇給予定表方式の場合、基本給の下限・上限のレンジにおける位置率という概念を使って、下限・上限を変更した後の基本給レンジにおいて同位置に移行するという対応が可能である。

②　一律設定方式

　基本給額は全員一律とし、全職種同じ金額を設定するのがもっともわかりやすい方法である。職種の差などは職種手当等でカバーしていく。

　基本給の設定金額が10万円以下になる場合、基本給と呼ぶには低すぎることから、職務給などの名称を使うこともある。

　基本給の金額を全社一律、または職種ごと地域ごとで一律に定め、それらを就業規則・賃金規程に規定することで、この額を変更する必要が生じた場合、個別同意に基づき変更するのではなく、就業規則・賃金規程の規定を変えることで基本給額を集合的に変更することが可能になる。ただし、そうした対応が取れるのは、変更に関して相当の合理性がある場合に限られる。

③　賃金表方式

　レアケースであるが、賃金表を使っている企業もある。

　職種や地域ごとに異なる賃金表を採用する方法、同一の賃金表を適

用する方法のいずれもあり得る。賃金表には下限・上限金額があり、その間を一定の金額差（昇給ピッチ）で号俸が設定される。賃金表を使う以上、毎年何らかの昇給額が想定されている。

　例えば、毎年1号俸ずつ上がるというものは、一律昇給であれば、機能としては勤続給と変わらない。一般的には、評価を行った上で、A評価なら2号俸、B評価1号俸、C評価昇給なしといった対応がとられる。上限にまで行った場合、昇格がなければそこで昇給はストップする。

　賃金表方式は、ドライバー職でも新卒採用を行う企業や、大企業の物流子会社などで採用されることがある。

　次ページの賃金表は、昇給ピッチが一律のものと、賃金額が高くなるにつれて昇給ピッチが小さくなっていくものの2つの例である。

◆賃金表例

【例1】

号俸	賃金額（円）	昇給ピッチ
1	170,000	
2	172,000	2,000
3	174,000	2,000
4	176,000	2,000
5	178,000	2,000
6	180,000	2,000
7	182,000	2,000
8	184,000	2,000
9	186,000	2,000
10	188,000	2,000
11	190,000	2,000
12	192,000	2,000
13	194,000	2,000
14	196,000	2,000
15	198,000	2,000
16	200,000	2,000
17	202,000	2,000
18	204,000	2,000
19	206,000	2,000
20	208,000	2,000
21	210,000	2,000
22	212,000	2,000
23	214,000	2,000
24	216,000	2,000
25	218,000	2,000
26	220,000	2,000
27	222,000	2,000
28	224,000	2,000
29	226,000	2,000
30	228,000	2,000
31	230,000	2,000
32	232,000	2,000
33	234,000	2,000
34	236,000	2,000
35	238,000	2,000
36	240,000	2,000
37	242,000	2,000
38	244,000	2,000
39	246,000	2,000
40	248,000	2,000

【例2】

号俸	賃金額（円）	昇給ピッチ
1	170,000	
2	173,000	3,000
3	176,000	3,000
4	179,000	3,000
5	182,000	3,000
6	185,000	3,000
7	188,000	3,000
8	191,000	3,000
9	194,000	3,000
10	197,000	3,000
11	199,500	2,500
12	202,000	2,500
13	204,500	2,500
14	207,000	2,500
15	209,500	2,500
16	212,000	2,500
17	214,500	2,500
18	217,000	2,500
19	219,500	2,500
20	222,000	2,500
21	224,000	2,000
22	226,000	2,000
23	228,000	2,000
24	230,000	2,000
25	232,000	2,000
26	234,000	2,000
27	236,000	2,000
28	238,000	2,000
29	240,000	2,000
30	242,000	2,000
31	243,500	1,500
32	245,000	1,500
33	246,500	1,500
34	248,000	1,500
35	249,500	1,500
36	251,000	1,500
37	252,500	1,500
38	254,000	1,500
39	255,500	1,500
40	257,000	1,500

④ 昇給予定表方式

昇給予定表方式とは、賃金表を用いずに賃金表を使うのと同じような効果を求める方法である。対象となる職種や等級ごとに、下限・上限金額のみ設定する。そして、その範囲において、評価に対応してあらかじめ決められた昇給額を足し込むというものである。この場合も、賃金額が上限に達した場合はそれ以上の昇給はない。

現状、賃金額がバラバラで、そのままの状態で新しい賃金制度に移行しようとした場合は、使い勝手はよい。

以下は、ドライバー職種の昇給予定表例である。トラックドライバーの場合、職種ごとに等級を変える方法もあるが、単一等級での運用でも十分な場合が多く、評価段階も5段階ではなく3段階程度となる。

◆昇給予定表例

評　　価	A	B	C
昇 給 額	2,500 円	1,500 円	500 円

8 歩合給の詳細設定

(1) 歩合給制の構成パターン

次に、歩合給を設定するケースである。どのような指標を設定し、どれくらいの金額を支払う構造にするのかを検討する。

歩合設定により業務への動機付けを図りたい、時間外労働時間数が大きく固定給のみでは賃金体系を組みにくい、歩合給制を好むドライバーが多くいる、などの状況によりトラック運送業では歩合給を設定することがある。

歩合給制には、大きく分けて2つのタイプがある。1つはオール歩

合給制であり、もう1つは固定給と歩合給の組み合わせによる方式である。なお、ここでは家族手当、住宅手当、通勤手当など労働の対価といえない手当類は、この賃金構成から除いて考えるものとする。

　固定給と歩合給の組み合わせ方式の場合、歩合給を基幹的な賃金とし、固定給は役職者に対する役割手当、無事故に対する無事故手当などを副次的な意味合いで設定する方式と、あくまで固定給が中心で、歩合給は一種のインセンティブ（刺激策、奨励金）として活用する方式がある。

①　オール歩合給制

　オール歩合給制は、フルコミッション制と呼ばれることもある。もちろん、「出来高払制の保障給」の設定は不可欠である。

　オール歩合給制の適用可能な職種は、役割がシンプルかつ明確で、成果が数値化でき、個人の職務行動がストレートに成果に結びつく内容のものである。単独での事業場外労働であるトラックドライバーの働き方にはマッチングがよい。ジョブ型雇用における究極の賃金制度であるといえる。

　ただし、営業職などの場合、活動の程度を自己決定できる余地が大きいが、トラックドライバーの場合は、通常、配車は自己決定できず、指示によって行うことになる。しかし、やればやっただけ水揚げは伸び、それがほぼ収入に比例していくので、こうした形態を好むドライバーは少なくないのである。

②　歩合給＋固定給：歩合給主体型

　固定給は、それをいくらに設定しなければならないというルールはもちろんない。歩合給中心の体系においてはそもそも大きな額の基本給の設定はできないため、基本給以外の手当の額、歩合給の大きさ、時間外労働の程度とそれに対応する割増賃金額等を仮決定し、適正賃金月額からそれらを引いたものを基本給として設定するというのが実

務的な方法である。場合によっては、基本給を設定しないこともあり得る。

　基本給を設定する場合でも、そこに定昇的な要素を持ち込むと、属人的な賃金となってしまうため、歩合給制の場合それは避けたほうがよい。あくまで賃金規程に則って支給すべきで、役割の違いやスキルの違いを賃金で表現する必要があるのであれば、役割手当や技能手当などで対処すべきである。

　習熟度についても、基本給にはできるだけ織り込まないほうがよい。習熟度合いに対する加算をあらかじめ賃金制度に盛り込むとするのであれば、前述したように勤続給を設定するというのがわかりやすい。

　日給制＋歩合給、時給制＋歩合給の構成もある。メインの賃金は歩合給で支払われ、それに加えて出勤を促す意味もあって2〜5千円の日給を設定する方式は、トラックドライバーだけでなくタクシードライバーなどにもみられる形態である。

　また、歩合が少額になる場合に備えて、出来高払制の保障給の設定が必要である。

③　歩合給＋固定給：固定給主体型

　あくまで固定給が主体で、歩合給が補完的な役割を果たす賃金構造である。月例賃金における歩合給の割合がポイントとなる。

　なお、労働基準法27条が規定する「出来高払制の保障給」は、前述のとおり、固定給の割合が概ね6割程度以上であれば、設定を不要としている。

(2)　歩合給指標の設定例

　歩合給のもっとシンプルな形態は、売上や生産個数などの指標に、単純に売上×○％といった率や、生産個数×○円といった単価を掛けるものである。

トラック運送業における具体的な歩合指標としては、以下のようなものがある。

- 売上（運送収入）：売上（円）×○%
- 社内標準運賃：方面別社内標準運賃（円）×○%
- 運送量：荷物1個あたり○円、kgあたり○円
- 走行距離：走行1km×○円
- 配送件数：1件あたり○円
- 立寄り件数：1件あたり○円
- 作業内容：手積み、手降ろし、引越回数など作業1回あたり○円
- 費用控除方式：（売上（運送収入）－燃料費－高速道路代などの費用）×○%

① 複数指標の組み合わせによる方式

トラック運送業においては、単に売上だけを指標とするのではなく、上記指標を複数組み合わせる歩合設定もある。例えば、売上と走行距離、立ち寄り件数を組み合わせるといった具合である。

② 指標の修正や減算を伴う方式

トラック運送業では、売上（運送収入）×歩率○%では、分の良い仕事、悪い仕事で不公平が生じるので指標として修正値を採用する場合がある。また、費用を控除した指標をもとにして歩合給を算出する場合もある。

《歩合給指標設定例》
- 売上金額そのままではなく、方面別の社内標準運賃を指標とする
- （売上－燃料費－高速道路代などの費用）×歩率○%
- 売上（運送収入）×（基準歩率○%＋無事故の場合は○%）

③　売上等のランクに応じて単価や歩合率を設定する方式

　売上高に応じて、歩合単価を段階的に増加させる方式もある。また、業種によっては売上高ではなく粗利（売上高－仕入原価）に対してランクを設け、ランクによって歩合率を段階的に逓増させる方式もある。下表は指標に対して段階的に歩合率を上げていく方式の例である。

売上高	歩合率	実際の売上高	歩合給1（累進歩合給制）	歩合給2（積算歩合給制）
100万円未満	10%	70万円	7万円	7万円
100万円以上～150万円未満	15%	120万円	18万円	13万円
150万円以上～200万円未満	20%	170万円	34万円	21.5万円
200万円以上	25%	220万円	55万円	32.5万円

　歩合給1は、累進歩合給制と呼ばれる方式によるもので、該当ランクの歩合率を売上高全体に乗じて求める。この方式では、売上高等に応じて歩合給の額が非連続的に増加していく。

　歩合給2は、積算歩合給制と呼ばれる方式によるもので、各区分間の売上高に対応する歩合率を乗じて得た金額を合計して求める。この方式では、売上高等に応じて歩合給の額が連続的に増加していく。

　累進歩合給制は、売上高等に応じて歩合給が非連続的に増加することで刺激性が強く、過重労働を引き起こすおそれがあるため、タクシードライバーに対しては行政通達でこの方式をとることを禁止されている。計算も複雑であるため、トラックドライバーで採用している例は少ないと考えられる。

　指標となる数字は、季節的な変動があれば少なくとも1年間のデータを抽出し、歩合給がどのように変化するかのシミュレーションを行う必要がある。なお、過去のデータは、経営環境の変化によって変化

し得るので、その見通しを立てておくことも必要である。

　また、歩合給の指標を「売上高－高速道路代」とした場合、歩合給を稼ぐため必要以上に高速道路を使用しないケースが発生しやすい。このような場合、相対的に労働時間が延びてしまうことから、走行ルートはドライバーに任せるのではなく、配車指示によって決めるべきである。あわせて、労働時間管理も緻密に行っていく必要がある。

（3）　歩合給制の5つの原則

　歩合給制を採用する場合、保つべき原則がある。それは戦略性、明確性、規範性、公平性、安定性の5つの原則である。

①　戦略性

　歩合給の対象となる指標は、企業の戦略や方針と整合するように設定しなければならない。どのような指標を設定するかは、ドライバーの意識や行動に少なからぬ影響を与える。例えば、費用削減と安全運行を特に重視するという方針であれば、歩合給の指標は単に売上とするよりも、「売上－燃料費」としたほうが合理的である。

　もちろん、指標は管理可能なものでなければならず、個人ごとの燃料費が把握できなければ、こうした指標を採用することはできない。

②　明確性

　シンプルでわかりやすいことが重要である。少なくともドライバー自身が自分でも歩合給を簡単に計算できる内容であることが望まれる。

　また、1日の成果について手応えがあり、それが週、月と積み上がっていくことを実感できるものであるとモチベーションも高まる。

③ 規範性

歩合給制の内容は将来変更することがあり得る。ドライバーによっては、その変更の内容が不利益になる場合もある。前述のとおり、労働条件の不利益変更は、合意によるのが原則だが、合意が得られない場合、就業規則の変更で対応しなければならない。そのため、歩合給の計算方法等は、雇用契約書や内規ではなく、会社の基幹ルールである就業規則・賃金規程に直接定義すべきである。

④ 公平性

公平性は、ドライバーのモチベーションを保つためにも非常に重要な要素である。

配送量を歩合給の指標とした場合、担当エリアに配送先が密集している場合とそうでない場合で、業務効率上不公平が生じることから、配送量に加えて走行距離を歩合給の指標とするなどの対応が行われることがある。

指標設定の公平性に加えて、実際の業務割当てなど、運用の公平性が重要なポイントとなる。担当エリアのローテーションなども不均衡是正のためには有効である。

また、同じ方面への運行でも、顧客によって売上が大きく異なる場合があり、不公平さを解消するために、前述のとおり歩合指標として売上ではなく、方面別に社内標準運賃を設定し、そちらを指標とすることもある。

⑤ 安定性

歩合給は、ドライバーの生活の基盤をなす賃金収入であるため、頻繁に変更するようなことは避けるべきである。また、月による変動があまり大きいと生活に支障をきたすので、歩合給の変化の幅が極端に大きくなるしくみは避けるべきである。

(4) 出来高払制の保障給

労働基準法 27 条が規定する出来高払制の保障給は、歩合給制において賃金額が極端に小さくなった場合に労働者の生活を保障する目的で設定されたものである。

行政解釈としては、固定給の割合が概ね 6 割程度以上であれば、その賃金制度は歩合給制ではなく固定給制である判断し、保障給の設定を不要としている（保障給の設定方法については 88 ページを参照）。

9 割増賃金支給方式の決定

(1) 割増賃金支給方式

月例賃金における最後は割増賃金である。この割増賃金の支給方式には、原則的割増賃金支給方式と含み型割増賃金支給方式の 2 通りある。

これまで検討してきた基本給、各種手当、歩合給の組み合わせを踏まえ、想定される時間外労働時間数や休日労働時間数、深夜労働時間数に対する割増賃金をどの方式で支給していくかを検討する。

なお、割増賃金未払いを発生させないことが賃金制度構築の必要事項であり、その前提をクリアするよう設計を進めていく必要がある。

① 原則的割増賃金

原則的割増賃金支給方式とは、割増賃金額を法定どおり毎月計算しそのまま支払う方式である。

通常行われるこの方式であれば、労働時間の算定に間違いがなければ、割増賃金未払いとなるリスクを回避できることから、最も確実な選択肢といえる。

ただし、時間外労働時間数や休日労働時間数によっては、支給すべ

き割増賃金が大きく変動する可能性があるので、時間管理を中心とした労務管理の徹底が求められる。

繰り返しになるが、賃金設計の段階でどの程度の時間外労働や休日労働があるのかを想定し、それに対する割増賃金を加えても耐えられる賃金水準の設計を行う工夫が必要である。

また一方で、ドライバー間で毎月の時間外労働時間数等が大きく変動しないように、業務量の均衡を保っていくことが求められる。

②　含み型割増賃金

原則的割増賃金に対して、含み型割増賃金がある。含み型割増賃金というのは、固定残業代等の定額方式、歩合給の一定割合を割増賃金として支給する定率方式などで支給する方式をいう。この方式を採用するのは、前述のとおり時間外労働の長短によって、割増賃金の金額が大きく上下することを避けたいということと、毎月決まって支払う金額を大きく見せたいという意図によることが多い。もちろん、実際の時間外労働が「含み」分を超えた場合は別途支払いが必要となる。

含み型割増賃金は、経営側にとっては使い勝手の良い方式であり、効率的に行って短い時間で職務を終えることのできるドライバーにとっても、法定以上の割増賃金が支払われることもあるので、そのケースにおいてはメリットがある。

しかし、実際には残業代抑制のため、割増賃金以外の部分を少額にして、多額の含み型割増賃金を設定しているケースや、「含み」分を超えても超えた部分を支払わずに済ませるケースなど、運用に問題があることも少なくない。

含み型割増賃金は、その内容を就業規則・賃金規程に正確に規定するなど、形式要件も整えないと、実際に割増賃金を支払ったことにならないという問題もある。そのため、含み型割増賃金を設定する場合、これまでの裁判例も踏まえて、以下のポイントを考慮し賃金設計を行う必要がある。

・通常の賃金の部分と割増賃金に当たる部分を判別することができること。

・固定残業手当等が割増賃金として支払われているという内容が、就業規則・賃金規程や雇用契約書（雇用条件通知書、採用条件確認書等含む）で明確に示されていること、そしてそれらについてきちんと説明も行っていること。

・労働基準法に定められた計算方法による割増賃金が、割増賃金として支給された固定残業手当の額を上回る場合に、その差額を当該賃金の支払時期に支払うことが合意されていること。

・固定残業手当等の対象時間数と実際の時間外労働時間数に大きな乖離がないこと（36協定の内容とのバランスにも留意）。

　また、上記に加え、毎月の給与明細において固定残業手当等である旨の表示、さらに固定残業手当等が何時間分であるかの表示を行うことが望ましい。

　この固定残業手当等が争いとなって、割増賃金であることが認められなかった場合、固定残業手当分の割増賃金が未払いになるだけでなく、固定残業手当を割増賃金の計算基礎に上乗せして再計算しなければならず、まさにダブルパンチとなってしまうので、設計と運用の両面において細心の注意が必要である。

(2)　含み型割増賃金の具体例

①　固定残業手当（定額方式）

　固定残業手当とは、毎月一定の金額、例えば5万円、7万円などの定額を割増賃金として支給するもの。「固定残業手当」というストレートな名称もあるが、「業務手当」、「配送手当」、「長距離手当」、「特別手当」などといった名称を用いる場合もある。

　見込んだ一定時間数または金額に満たなかった場合でも、減額せず

に支給することが一般的である。逆に、実際の時間外労働等が、見込んだ一定時間数または金額を超えた場合は、別途オーバー分を追加で支給しなければならない。

　管理監督者に対しては、一般的に時間外・休日割増賃金は支給されないが、深夜労働に対する深夜割増賃金は支給しなければならないので、「管理職手当7万円のうち、1万円は深夜割増賃金として支給する」といった方法をとっている例もある。

②　基本給などの固定給に含める（定率方式）

　割増賃金を基本給に含めるとは、固定残業手当など別の手当を設定するのではなく、基本給の内数とする方法である。例えば、「基本給の30％は割増賃金として支給する。」などとするもの。基本給が大きくなれば割増賃金単価も大きくなるので、その一定割合を割増賃金とすれば、単価引下げおよび支給済み分拡大の効果があり、経営側にとっての合理性がある。

　ただし、外出しの定額方式に比べて、基本給などの内数とした場合、一見して割増賃金額がわかりにくいという問題がある。ドライバーにその仕組みをよく説明するとともに、この場合も前述のケースと同様、就業規則・賃金規程や雇用契約書等に明示することは必須要件であり、同時に毎月の給与明細へ「含みの割増賃金額」を記載することが望ましい。

③ 歩合給に含める（定率方式）

　歩合給の一定割合を割増賃金として支給する方法である。この方法も基本給に含めるものと同様、率を掛ける計算式に基づいて含み分の割増賃金額を算出するが、支払うべき割増賃金は、固定給部分に対する割増賃金額だけでなく、歩合給に対する割増賃金も発生するので、基本給に含める方式に比べてさらに複雑になる。

　以下に、例を示す。

　賃金構造：　固定給＋歩合給＋割増賃金
　　　　　　　歩合給は売上額の 20％
　含み割増賃金：歩合給の 30％を割増賃金として支給する

① 固定給	＋	②売上× 20％＝歩合給全体		＋	⑤ 不足割増 賃金
		③正味の歩合給 （歩合給の 70％）	④割増賃金 （歩合給の 30％）		

　売上に 20％を掛けた②歩合給全体のうち、70％を③正味の歩合給、30％を④割増賃金として支給する。実際に支給すべき①固定給および③正味の歩合給に対する割増賃金が、④割増賃金で不足する場合、⑤で追加支給するというものである。

　含み割増賃金は歩合給に比例して算出されるため、それによって実際の労働時間、固定給、正味の歩合給により法的に必要となる割増賃金額がまかなえているか毎月検証を行わなければならない。

　なお、歩合給の一定割合を割増賃金として支払う定率方式は、最高裁判決で否定された歩合給から残業代を控除する方式（81 ページ参照）とは異なるものである。否定された方式は、残業代が増すにつれ歩合給が減少するものであり、歩合計算のもととなる売上が変わらなければ手取りは変わらない構造だが、定率方式は売上が増大すればそれに比例して歩合も増加するものである。

⑩ 賞与支給方式の決定

　トラック運送業では、ドライバー職に賞与を支給していないケースが少なくない。また、支給している場合でも年額数万円から十数万円であることも一般的である。明らかに他職種に比べ少額である。繰り返しになるが、採用難を反映して募集時に月例賃金額を少しでも大きくしたいという事情によるものであると考えられる。

　ちなみに、平成30年賃金構造基本統計調査（賃金センサス）における年間賞与額の統計数字は以下のとおりである（男女計）。

（単位：千円）

職　　種	企業規模（常用労働者数）			
	10人以上	1,000人以上	100〜999人	10〜99人
営業用大型貨物自動車運転者	326.8	475.4	427.8	251.2
営業用普通・小型貨物自動車運転者	379.6	624.5	357.2	189.2

　賞与を支給する際には、日常業務における評価をもとに、支給額の査定を行うことがあるが、その評価項目や評価期間などをあらかじめドライバーに周知しておくことで、どのような行動を取ってもらいたいのかメッセージを伝えることができる。

　トラックドライバーの評価項目はなるべくシンプルに、必要最小限の項目に絞って設定すべきである。設定項目例は次ページのとおりである。

項　　目	内　　容
1. 挨拶・言葉遣い	・社内、顧客先において元気で明るい挨拶ができたか ・言葉遣いは丁寧だったか
2. 身だしなみ	・不快感を与えない身だしなみができていたか ・制服・ヘルメットなど規定どおり着用していたか
3. 安全運行・エコドライブ	・交通ルールやマナーは守れたか ・エコドライブを実践できたか ・待機時にエンジンを止めたか ・停車時に輪留めをしたか
4. 体調管理	・体調管理を万全にしていたか ・酒気を帯びていなかったか
5. 荷扱い	・荷物を丁寧に扱ったか ・発・着荷主の指示事項を確実に守ったか
6. 車両	・洗車・整理整頓により、車内外および荷台を常に清潔にしていたか ・純正以外の部品を装着していないか
7. 報連相	・事故、延着等緊急時の報告・連絡が実践できたか ・乗務日報は期日までに提出できたか

【賞与支給の計算式例】

　賞与支給のルールを有する会社は、次のような計算式で支払い額を決定することが多い。

　賞与額＝①算定基礎額×②支給係数×③評価係数×④出勤率

　　①算定基礎額＝基本給＋役割手当

　　②支給係数：業績を勘案してその都度決定、1が標準

　　③評価係数：評価結果（評語）と評価係数の例

評　語	A	B	C
評価係数	1.2	1.00	0.8

④出勤率＝出勤日数÷対象期間の所定労働日数

　年次有給休暇、特別休暇（有給扱いのもの）、公民権行使のため会社が認めた休暇以外の休暇・休業は出勤日数に含めない。

◆対象期間の例

賞与支給月	評価対象期間	
夏期賞与　　7月	前年10月1日から当年	3月31日
冬期賞与　12月	当年4月1日から当年	9月30日

⑪　シミュレーションと内容の修正

（1）　シミュレーションの方法

　構築した新賃金体系が目指した内容になっているかについて、シミュレーションを行い検証する。シミュレーションはエクセルフォーマット（189ページ**図表3-4**参照）を使って行うが、その方法や留意点は以下のとおりである。

・新賃金制度のシミュレーションを行い、新制度の検証を行う。
・仮決定した基本給、歩合給、各種手当、割増賃金を、新賃金体系のフォーマットに入力し、歩合給の対象となる指標の数値や、現状確認で把握した時間外労働時間数を当てはめ、賃金総額を確認する。
・季節変動が激しい業務の場合は、12か月分のデータを用いてシミュレーションを行う必要がある。季節変動が大きくなければ、繁忙期と閑散期の2つの月、あるいは繁忙期と通常期、閑散期の

３つの月の検証でもよい。

・シミュレーションにおいては、賃金改定の前提や達成すべき内容が満たされているかどうかを確認していく。

・月次の賃金総額が旧賃金体系と近いものになることを前提とする場合もあるし、減額を目的とする場合は目標の金額に近くなることが必要である。あるいは職種ごとに狙いとする賃金水準が実現することなどを確認する。

・原則としてドライバー全員分のシミュレーションを行う。

◆図表3-4 新賃金体系の賃金支給一覧

年齢・勤続基準日 R2.1.1　　月平均所定労働時間 170

氏名	年齢	勤続年数	現賃金体系 月例賃金 時間外労働時間数	深夜労働時間数	売上金額	歩率	走行距離	立ち寄り引し間し件数	基本給	勤続給	役職手当	安全手当	歩合給	子供手当	通勤手当	所定内賃金	時間外手当	深夜手当	うち歩合給の30%で払い込み残業手当	追加支給が必要な残業手当	月合計	賞与基礎(基本給+中割手当)	支給係数	年間賞与額	年間支給総額合計	月合計新旧差	年間支給差	時間単価(通賃確認)
地場A	51	26	65.0						200,000	26,000	5,000	20,000			10,000	261,000	119,963	0	0	0	380,963	205,000	1.7	348,500	4,920,056	▲52,638	▲709,346	1,476
地場B	58	26	60.0						200,000	26,000	0	20,000			4,000	250,000	108,529	0	0	0	358,529	200,000	1.7	340,000	4,642,348	▲67,415	▲889,000	1,447
地場C	57	23	73.0						200,000	23,000	0	20,000			13,000	256,000	130,434	0	0	0	386,434	200,000	1.7	340,000	4,977,208	▲57,343	▲736,006	1,429
地場D	57	12	42.5						200,000	12,000	0	20,000			13,000	245,000	72,500	0	0	0	317,500	200,000	1.7	340,000	4,150,000	▲10,813	▲168,206	1,365
地場E	38	4	40.5						200,000	4,000	0	20,000		5,000		229,000	66,706	0	0	0	295,706	200,000	1.7	340,000	3,888,472	12,147	180,134	1,318
地場F	44	20	62.0						200,000	20,000	0	20,000		20,000	15,000	275,000	109,412	0	0	0	384,412	200,000	1.7	340,000	4,952,944	▲59,734	▲709,848	1,412
地場G	42	11	60.5						200,000	11,000	0	20,000			2,000	233,000	102,761	0	0	0	335,761	200,000	1.7	340,000	4,369,132	▲26,247	▲298,594	1,359
地場H	33	1	41.5						200,000	1,000	0	20,000			6,000	227,000	67,438	0	0	0	294,438	200,000	1.7	340,000	3,873,256	16,934	263,327	1,300
地場I	41	11	43.5						200,000	11,000	0	20,000			14,000	245,000	73,886	0	0	0	318,886	200,000	1.7	340,000	4,166,632	9,661	132,302	1,359
地場J	39	13	42.0						200,000	13,000	0	20,000		20,000	15,000	268,000	71,956	0	0	0	339,956	200,000	1.7	340,000	4,419,472	12,559	122,008	1,371
長距離輸送K	24	6		95.5	920,200	31.0%	7,849	46	100,000		0	20,000	213,537		10,000	343,537	42,925	33,807	64,061	12,671	356,208	100,000	1.0	100,000	4,374,495	▲41,754	▲411,049	1,416
長距離輸送L	53	31		58.0	1,254,600	33.5%	9,180	47	100,000		0	20,000	283,379		2,000	435,379	89,795	24,854	85,014	29,635	465,014	100,000	1.0	100,000	5,680,172	▲99,177	▲1,170,109	1,714
長距離輸送M	53	30		37.0	1,303,100	32.5%	7,931	50	100,000		0	20,000	288,482		8,000	446,482	97,552	15,802	86,545	26,809	473,291	100,000	1.0	100,000	5,779,497	▲100,117	▲1,181,398	1,708
長距離輸送N	45	21		55.0	1,289,700	31.5%	6,588	56	100,000		0	20,000	287,916		7,000	418,916	123,148	19,822	86,375	56,595	475,511	105,000	1.0	105,000	5,806,134	▲17,745	▲1,057,940	1,442
長距離輸送O	45	21		3.5	1,312,600	33.0%	9,414	72	100,000		5,000	20,000	302,949	20,000	8,000	476,949	102,847	1,494	90,885	13,456	490,405	105,000	1.0	105,000	5,989,864	▲68,837	▲1,080,346	1,707
長距離輸送P	57	20		88.0	847,300	32.5%	7,683	50	100,000		0	20,000	208,825	20,000	2,000	350,825	53,390	33,110	62,648	23,853	374,678	105,000	1.0	105,000	4,596,130	▲48,771	▲985,446	1,505
長距離輸送Q	48	20		82.5	1,335,100	32.0%	11,478	56	100,000		0	20,000	304,976		10,000	454,976	91,493	14,020	91,493	31,902	486,878	100,000	1.0	100,000	5,942,538	▲65,454	▲905,415	1,649
長距離輸送R	49	15		34.0	1,109,500	31.5%	5,041	56	100,000		0	20,000	248,783	20,000	5,000	408,783	76,564	41,414	74,635	33,592	442,375	100,000	1.0	100,000	5,408,501	▲48,618	▲712,882	1,535
長距離輸送S	33	13		82.5	1,368,100	31.5%	10,453	68	100,000		0	20,000	311,325	20,000	6,000	450,325	93,398	18,462	93,398	31,550	482,688	100,000	1.0	100,000	5,892,250	▲62,324	▲527,199	1,690
長距離輸送T	36	15		13.0	1,301,200	31.5%	4,091	68	100,000		0	20,000	288,823		6,000	429,823	126,290	18,462	86,647	55,137	487,928	100,000	1.0	100,000	5,955,137	▲46,850	▲521,199	1,523
引っ越しU	58	10	30.0					21	200,000	10,000	0	20,000		20,000	15,000	285,000	37,483	0	0	0	322,483	200,000	1.7	340,000	4,209,796	3,683	19,196	1,499
引っ越しV	48	4	31.0					21	200,000	4,000	0	20,000			15,000	272,000	50,987	0	0	0	322,987	200,000	1.7	340,000	4,215,844	51,187	627,394	1,465
引っ越しW	45	14	17.5					19	200,000	14,000	5,000	20,000			15,000	292,000	31,640	0	0	0	323,640	205,000	1.7	348,500	4,232,180	6,040	79,250	1,548
引っ越しX	53	4	18.5					22	200,000	4,000	0	20,000		20,000	15,000	303,000	19,606	0	0	0	295,606	200,000	1.7	340,000	3,887,272	35,906	445,372	1,480
引っ越しY	34	6	32.5					21	200,000	6,000	0	20,000			11,000	279,000	31,550	0	0	0	334,550	200,000	1.7	340,000	4,354,600	20,150	183,020	1,481
引っ越しZ	34	6	30.0					19	200,000	6,000	0	20,000			15,000	279,000	55,693	0	0	0	334,693	200,000	1.7	340,000	4,356,316	22,693	250,306	1,475
引っ越しLAA	26	5	28.0					24	200,000	5,000	0	20,000		48,000	6,000	279,000	48,020	0	0	0	327,020	200,000	1.7	340,000	4,349,056	29,688	324,046	1,469
引っ越しLAB	26	6	20.5					23	200,000	6,000	0	20,000		39,000	8,000	279,000	39,591	0	0	0	319,591	200,000	1.7	340,000	4,264,240	23,220	297,710	1,493
引っ越しLAC	49	4	19					19	200,000	4,000	0	20,000			15,000	277,000	34,787	0	0	0	311,787	200,000	1.7	340,000	4,175,092	17,791	232,562	1,496
引っ越しLAD	49	20.5							200,000													200,000		340,000	4,081,444	31,787	401,594	1,457
合計	1506	600	762	600.0	12,068,400		79,708		5,000,000	378,000	15,000	600,000	3,156,995	120,000	277,000	9,548,995	2,214,262	234,448	821,699	1,392,564	11,114,007	5,015,000		7,822,000	141,910,078	1,047,128	▲1,744,513	

	現賃金体系 下位	平均	上位	新賃金体系 下位	平均	上位
地場配送	3,609,929	4,720,275	5,713,214	3,873,256	4,435,952	4,977,208
本部職輸送	4,785,544	6,318,645	7,046,904	4,374,495	5,542,472	5,989,864
引越便	3,441,900	3,926,539	4,190,600	3,887,272	4,212,584	4,356,316

※このエクセルシートは、208ページ以下の賃金制度改革事例の内容を使用

(2)　具体的な手順

①　賃金構造と賃金項目の金額仮決定

　職種ごとの賃金構造や手当の種類、支給水準を仮決定する。まずは職種別に仮決定した基本給や各種手当の金額を置いてみてどのような月例賃金になるのか確認していく。

②　歩合給のシミュレーション

　歩合給の指標となる数値は、設計段階では標準的な数値を用いるが、繁忙期や閑散期を想定し、極端な数値も当てはめて確認してみる必要がある。月別の実数を１年間分使用するケースもある。

　試算用のエクセルシートでは、単価を参照値として設定し、その数値を変更すれば歩合給が再計算されるようにしておくとシミュレーションがやりやすい。

③　割増賃金額の確認

　制度変更後、想定される時間外労働時間数を前提とした割増賃金額の確認を行っていく。現状の時間外労働時間数ではなく、想定される実態としての時間数でシミュレーションを行う必要がある。

　割増賃金のシミュレーションを行う上で、深夜割増分も当然考慮に入れる必要がある。時間外労働の一定割合（例：30％）が深夜労働に該当するという前提でシミュレーションを行うのが現実的である。

　割増賃金額が大きくなりすぎてしまう場合、固定的賃金と歩合給のバランスを調整することは効果的である。これまで見てきたとおり、固定的賃金による割増賃金は、歩合給による割増賃金に比べ高額である。長距離輸送やコンテナ輸送など、長時間労働が常態化しているケースでは、歩合給の割合を高めていかなければ調整が行えない可能性もある。こうした対応でもうまくいかない場合、原則的割増賃金ではなく、含み型割増賃金を活用するのも有力な方法である。

④　全体バランスの確認

　賃金制度を変更した場合、個別賃金を見れば利益不利益が生じる。増える人間もいれば、減る人間も出てくる。また、業務の繁閑によって増える月、減る月も出てくる。

　そうした際に、2つの視点が必要になる。個人に着目する視点と、全体としてどうなるかという視点だ。個々に不利益が生じる場合でも、全体としての合理性が確保されれば許されるという観点もある。

　第一小型ハイヤー事件（最高裁二小平成4年7月13日判決）では、歩合給制を含む賃金制度の改定で不利益を被ったドライバーが制度変更の無効を訴えたが、ドライバー全体として新制度が旧制度を下回らず、それが労働強化によるものでなく、労働者に不測の損害を被らせるものでないことを確認し、就業規則（賃金規程）変更の合理性を否定した原判決を破棄し、高裁に差し戻した。

　ただし、個別の賃金の減額幅があまりにも大きくなることは避けなければならない。

　既述のとおり、大阪京阪タクシー事件（大阪地裁平成22年2月3日判決）で、「新旧体系による不利益の度合いが、各月でみて20％を超える部分が合理性に欠ける」という判断が示された。労働基準法の減給の制裁の限度額（一賃金支払期における賃金の総額の10分の1の範囲に制限）も考慮すると、個別労働者の各月の新旧の賃金制度を比較して、各月の不利益額を10％以内とすることが望ましく、それ以上になる場合でも20％を超えないよう留意する必要がある。それを超えるような場合は、仕組み自体を見直すか調整手当等で不利益の範囲を小さくするといった対応が求められる。

🔢 賃金制度の最終決定

(1)　課題は解決されたか

　賃金制度を最終決定する前に、当初理想として描いた姿と、組み上げた賃金制度が合致しているか確認する必要がある。

　ドライバーの生活の基盤をなす賃金制度であるため、内容を頻繁に変更するようなことは避けるべきである。制度導入後、基本構造は一定の安定性を確保しなければならないので、賃金制度設計の当初に確認した課題の解決や目的の達成、制約条件をクリアしているかなどについて最終決定の前に再確認しておく必要がある。

《課題の例》
- ・人件費を削減したい。
- ・賃金水準を現状よりアップさせ人材採用に弾みをつけたい。
- ・成果を賃金額に反映させ、モチベーション向上を図りたい。
- ・職種や車種の違いによる格差、入社時期による格差、前職賃金によるところの格差などの不公平さを解消したい。
- ・労働負荷や免許、作業の特殊性に関して一定の格差をつけたい。
- ・あいさつ、身だしなみ、燃費改善、事故防止、休日出勤への協力など、評価の高いドライバーに賃金で報いたい。
- ・割増賃金未払いを解消したい。
- ・成り行きではなく、ルールによって運用できる制度にしたい。

(2)　制約条件に接触しないか

　賃金制度改革では、次に述べる激変緩和措置を設定するケースが多いため、そのことも含めて全体として支払賃金が増額になりがちである。こうした人件費増が、経営的に許容可能範囲内に収まっているか確認が必要である。

また、スケジュール的な問題もある。賃金制度改革は、制度を構築した後の手続きも重要であり、ドライバー全員への説明や質問の受付、通知書の交付、同意書の取得、就業規則（賃金規程含む）の変更手続など、少なくとも3か月程度は必要と考えられる。このプロセスをおろそかにすれば新制度が受け入れられない事態になりかねないため、慎重かつ丁寧に行う必要がある。

　新たな賃金制度が、これらの制約条件に接触しないか確認する必要がある。

(3)　実現すべき状態は達成され得るか

　賃金制度改革は、最終的にどの程度の状態を達成していくかのイメージを持ってそれに臨むわけだが、課題の解決や制約条件のクリアだけでなく、その「イメージ」を達成できそうかどうかが大事なポイントになる。

　例えば、同一職種であって、職種別や運行形態別の年収水準が想定範囲に入っているかどうか、その違いに対してあるべき格差が実現されそうか、つまり当初確認してスタートした「ざっくりとした解決イメージ」が達成できそうかなどが確認ポイントとなる。

⓭　激変緩和措置の設定

(1)　激変緩和の考え方

　賃金制度変更は、賃金総額の削減を目的とする場合と、内容の適正化を目的とする場合がある。あるいは、その両方を目指す場合もある。仮に賃金総額の削減が目的でない場合でも、賃金体系の変更があると、個人の各月の賃金が減少することがある。

　新賃金制度を一気に導入するのは、ドライバーにとって非常にダ

メージが大きくなるおそれがある。不利益変更の幅が大きい場合には、激変緩和措置を導入することが望ましく、その有無は制度変更の合理性の判断にも影響する。

　手当額の引下げなどの単純な不利益変更であれば、引下げ幅を段階的に適用していくというシンプルな方法が採用できる。しかし、歩合給制の導入や歩合給の構造自体を変更するケースでは月によって新旧比較で増減が生じ得る。割増賃金を適正に支払っていなかった状況を改善するために、一部固定給を減額したケースでも、旧賃金制度と比較すると月例賃金額が減る月もあれば増える月もあるといった変化があり得るのである。

　いずれの場合も、激変緩和措置としては、旧賃金制度による賃金額と新賃金制度による賃金額を比較して、後者が少ない場合に「一定水準」に至るまで差額を調整手当などで補てんするという方法で対応することが一般的である。不利益変更の合理性判断は、旧賃金制度に対してどれだけ不利益になったかが問題となるため、「一定水準」の設定方法は、旧賃金制度による計算額の一定割合というのが一般的な考え方であろう。

(2)　何年間設定するか

　補てんする期間を何年間設定するかを検討する。引下げ幅の程度、引下げ対象者の割合、補てんに要するコストアップが経営的にどこまで許容できるのかなど、考慮すべきポイントはあるが、あまり長い期間を設定し、賃金制度改革を間延びさせないほうが得策であると考える。

　これまでは労働基準法における賃金請求権期間が2年であったため、設定期間は通常1年が最短で、一般的には賃金請求期間である2年、長いケースでも3年であったが、令和2年4月1日以降は賃金請求権の消滅時効期間が3年に延長されたことから、3年の対応を標準

にせざるを得ないと考えられる。

　ただし、補てんする割合は期間の経過とともに引き下げていくことが一般的で、最後は新制度をそのまま稼働させることで経過措置は終了する。

(3)　どのような方式で補てんを行うか

　この新旧差額を一定水準まで補てんする方法としては、各月において不利益の限度水準を決める単月精算方式と、年収ベースで不利益の限度水準を決める累積精算方式の2つがある。いずれの方法も、旧賃金制度による賃金額と新賃金制度による計算額の両方を計算し、それを比較することが前提となっている。事務的な負担が大きいが、スムーズな移行を実現するためには欠かせない作業である。

①　単月精算方式

　毎月、旧賃金制度による計算額の一定割合（1年目95％、2年目85％など）と、新賃金制度による計算額を比較し、新賃金制度の計算額のほうが低ければ、旧賃金制度の計算額の一定割合まで補てんを行う方式である。

②　累積精算方式

　各月において、旧賃金制度による賃金の累積額の一定割合（1年目95％、2年目85％など）と、新賃金制度による賃金および前月までの補てん額（調整手当）の累積合計を比較し、後者のほうが低ければ、下回る分を調整手当として支給する方式である。

③　単月精算方式と累積精算方式の比較

　197ページ図表3-5は単月精算方式と累積精算方式の計算例である。歩合給制賃金において、歩合給体系を変更したもので、月によっ

て新賃金のほうが高い場合もあれば低い場合もある。なお、この計算例は、1年目も2年目も各月の歩合給はまったく同じ金額という設定になっている。

賃金額の年間累計でみると、新賃金体系の累計が3,720千円、旧賃金体系の累計が4,230千円となり、不利益変更となっている。

単月精算方式では、各月において旧賃金の95％を限度額とした場合、新賃金はそれより低い金額になることはない。そして、新賃金のほうが高い場合はそのまま支給されるので、この単月精算方式の例では、旧賃金累積額4,230千円よりも新賃金累積額＋補てん額累計の4,294千円のほうが大きくなっている。

一方、累積精算方式では、補てん額を含めた累計で95％水準を下回らないという限度設定になるので、各月においては、95％水準を下回ることもあり得る。この例では、旧賃金累計4,230千円に対して、新賃金累積額＋補てん額累計は4,019千円で、ちょうど旧賃金累計の95％の水準になる。

賃金総額を一定の水準にまで削減することをねらいとする場合は、年収ベースで水準管理を行う累積精算方式のほうが優れている。ただし、経営者にとってである。

これまで割増賃金未払いが発生しているケースにおいて、新賃金制度で未払いが生じない体系に移行するというのは必須要件である。仮に支給金額に変化がないとすれば、割増賃金分をその他の部分から移行していることになり、賃金制度としては不利益変更に当たるが、そうしたケースにおいて、賃金請求権が残るこれまでであれば2年間、今後は3年間に限って、累積精算方式を採用した上で旧賃金体系の100％を保証することも有力な手法である。

この方式では、ドライバーの大きな反発も生まれにくいので、割増賃金未払いの発生をなくしていく有力な方法であると考えられる。

単月精算方式

1年目95％　　　　　　　　　　　　　　　　　　　　　　　　　　　　（単位：千円）

	1月	2月	3月	4月	5月	6月	7月	8月	9月	10月	11月	12月	合計
新賃金	250	300	280	250	300	300	320	400	440	300	300	280	3,720
旧賃金	300	250	300	400	330	350	370	300	360	350	420	500	4,230
旧賃金×95％	285	238	285	380	314	333	352	285	342	333	399	475	4,019
補てん額	35	0	5	130	14	33	32		0	33	99	195	574

新賃金＋補てん額累計　4294
旧賃金累計　4230
差額　64

2年目85％　　　　　　　　　　　　　　　　　　　　　　　　　　　　（単位：千円）

	1月	2月	3月	4月	5月	6月	7月	8月	9月	10月	11月	12月	合計
新賃金	250	300	280	250	300	300	320	400	440	300	300	280	3,720
旧賃金	300	250	300	400	330	350	370	300	360	350	420	500	4,230
旧賃金×85％	255	213	255	340	281	298	315	255	306	298	357	425	3,596
補てん額	5	0	0	90	0	0	0	0	0	0	57	145	297

新賃金＋補てん額累計　4,017
旧賃金累計　4,230
差額　▲213

累積精算方式

1年目95％　　　　　　　　　　　　　　　　　　　　　　　　　　　　（単位：千円）

	1月	2月	3月	4月	5月	6月	7月	8月	9月	10月	11月	12月	合計
新賃金	250	300	280	250	300	300	320	400	440	300	300	280	3,720
旧賃金	300	250	300	400	330	350	370	300	360	350	420	500	4,230
新賃金累額	250	550	830	1,080	1,380	1,680	2,000	2,400	2,840	3,140	3,440	3,720	
旧賃金累積額	300	550	850	1,250	1,580	1,930	2,300	2,600	2,960	3,310	3,730	4,230	
旧賃金累積額×95％	285	523	808	1,188	1,501	1,834	2,185	2,470	2,812	3,145	3,544	4,019	
補てん額	35	0	0	73	13	33	31	0	0	0	0	114	299
補てん額累計	35	35	35	108	121	154	185	185	185	185	185	299	
新賃金累積額＋前月までの補てん額累計	285	585	865	1,115	1,488	1,801	2,154	2,585	3,025	3,325	3,625	3,905	

旧賃金累計　4,230
新賃金＋補てん額累計　4,019
差額　211

2年目85％　　　　　　　　　　　　　　　　　　　　　　　　　　　　（単位：千円）

	1月	2月	3月	4月	5月	6月	7月	8月	9月	10月	11月	12月	合計
新賃金	250	300	280	250	300	300	320	400	440	300	300	280	3,720
旧賃金	300	250	300	400	330	350	370	300	360	350	420	500	4,230
新賃金累積額	250	550	830	1,080	1,380	1,680	2,000	2,400	2,840	3,140	3,440	3,720	
旧賃金累積額	300	550	850	1,250	1,580	1,930	2,300	2,600	2,960	3,310	3,730	4,230	
旧賃金累積額×85％	255	468	723	1,063	1,343	1,641	1,955	2,210	2,516	2,814	3,171	3,596	
補てん額	5	0	0	0	0	0	0	0	0	0	0	0	5
補てん額累計	5	5	5	5	5	5	5	5	5	5	5	5	
新賃金累積額＋前月までの補てん額累計	255	555	835	1,085	1,385	1,685	2,005	2,405	2,845	3,145	3,445	3,725	

旧賃金累計　4,230
新賃金＋補てん額累計　3,725
差額　505

（4）　差額補てんのための調整手当

　労働基準法37条5項、労働基準法施行規則21条により、割増賃金の基礎となる賃金に算入しなくてよいものとして、家族手当、通勤手当、別居手当、子女教育手当、住宅手当、臨時に支払われた賃金、1か月を超える期間ごとに支払われる賃金が限定列挙されている。

この事例のように、激変緩和の趣旨で新旧賃金制度の差額を補うために支給する調整手当は、上記のうち「臨時に支払われる賃金」に位置づけられるので、割増賃金の基礎に算入しなくてよいというのが厚生労働省の見解である。したがって、調整手当の額を計算した後、あらためて割増賃金の計算をし直す必要はない。

(5) 新旧賃金制度の差額を一定割合補てんする方法

激変緩和措置は、旧賃金制度による計算額の一定割合（1年目95％、2年目85％など）を確保する方法以外に、旧賃金制度による計算額と新賃金制度による計算額の差額の一定割合を補てんする方法もある。例えば、差額の80％を補てんするルールとした場合、旧賃金制度による計算が350千円で、新賃金制度による計算が310千円であれば、差額40千円の80％つまり32千円が調整手当として支給される。

旧賃金制度の計算額の一定割合を確保するほうが、不利益変更の判例法理にも沿った合理的な方法といえるが、差額の一定割合を補てんするという考え方はイメージしやすく、これも有力な方法であると考えられる。

14 合意プロセスの設計

(1) 合意プロセス

構築した賃金制度を実際に導入するにあたり、次のようなプロセスを進めていく。

① 説明会（説明文書の作成）
② 質問の受付
③ 個別面談（新制度による賃金内容の通知書の作成）、同意書の取得、
④ 就業規則・賃金規程の改定（届出と周知）
⑤ 一定期間後の制度の見直し（必要な場合）

① 説明会（説明文書の作成）

　説明会は法的に必須とされるものではないが、行うことを強くおすすめする。トラック運送業では安全会議など定期的にドライバーを集め、安全運転教育や注意喚起などの会議を行っていることが多いため、それにあわせて実施する方法もある。

　賃金制度の改定は、ドライバーの重大な関心事である。説明会の実施に当たっては、賃金制度の変更点だけでなく、新旧対比やモデルケースにおける支給額の事例などを使いわかりやすく丁寧に説明することが必要である。そして、なぜ変更を行うのか、どのような必要性があるのかを理解してもらわなければならない。必要性とは改革の大義名分でもあり、この正当性が賃金制度改革の鍵を握るのである。

　説明会において行うのは、制度変更についての説明で、個別賃金がどのように変わるかは、説明会の後に開催する個人面談において行う。

　説明資料は、わかりやすく作成する必要がある。説明会を複数回行う場合でも、すべてのドライバーに対して同じ資料を用い、可能な限り同じ説明を行うべきである。資料を配布するだけであったり、資料を作成・配布せずに口頭だけで説明するなどしたりした場合、情報の偏りや変異が発生し、ドライバーの疑心暗鬼を生む可能性がある。ただでさえ賃金制度変更と聞いて不安を抱いているドライバーをさらに不安にさせるおそれがあり、不安が不信感や仕事への熱意の減少、さらには退職につながるなどの悪影響を起こしかねない。

②　質問の受付

　説明会の場で質問を受け付けるのは当然だが、説明会以後も疑問に思う点は遠慮なく質問するよう伝える。そして、人は「わからない」ことに不安を抱くため、質問には真摯に対応し、できるだけ新制度を理解し安心してもらえるよう努めなければならない。

　ドライバーは、変更の内容はもちろんのこと、質問に答える際の経営側の姿勢についても厳しく見ているのである。

③　個別面談、同意書の取得

　説明会で賃金制度全体の説明を行った後、ドライバー個々の賃金がどのようになるのか、個別の通知書を作成し、個別面談の機会を設けて説明を行う。説明会の内容を忘れてしまわないよう時間を空けずに順次個別面談を行っていく必要がある。

　個別賃金変更についての同意は、単に金額変更についての同意に留めず、「新賃金規程に基づいて変更されることに同意」してもらうことが望ましい。その意味は、就業条件等が変わり、手当等の支給要件が変更になった場合に、新賃金規程に基づいて支給金額が変わることをあらかじめ担保しておくためである。

　通知書と合わせて作成する同意書は、なるべく全員から取得できるよう説明を尽くす必要がある。なお、同意書を提出しないドライバーに対しても新賃金体系を適用せざるを得ない。同意しないからといって旧制度のままとすれば、変更の大義名分も失われてしまうからである。

　また、同意書という様式ではなく、新たな雇用契約書を作成して賃金制度を含めた雇用契約の内容を明示、説明して署名捺印をもらうことでも構わない。

◆賃金制度・個別賃金の通知書様式例

賃金制度・個別賃金の通知書

○○　○○　　殿

令和　　年　　月　　日

□□運輸株式会社

　新賃金規程に基づき、令和　　年　　月　　日支払い分から、貴殿の賃金を下記内容に変更させていただきます。

記

1．月例賃金
　(1)固定的賃金
　　①基本給　　　　　　　　　　　　円（△△輸送業務）
　　②勤続給　　　　　　　　　　　　円（勤続１年につき、　円昇給。上限　万円）
　　③役割手当　　　　　　　　　　　円（リーダー）
　　④安全手当　　　　　　　　　　　円（対人・対物無事故、道路交通法無違反の場合）
　　⑤子供手当　　　　　　　　　　　円（　人分）
　　⑥通勤手当　　　　　　　　　　　円
　　固定的賃金月計　　　　　　　　　円

　(2)歩合給
　　①売上金額（円）　　　×　歩率　　％
　　②走行距離（ｋｍ）　　×　　　　　円
　　③立ち寄り件数（１件）×　　　　　円

　(3)割増賃金
　　時間外労働割増賃金、休日労働割増賃金、深夜労働割増賃金は法定どおり支給する。

2．出来高払制の保障給
　　実労働時間あたりの固定給と歩合給の合計額が、過去３か月分の固定給と歩合給の合計額をその期間の総労働時間数で除した金額の６割に満たない場合は、その水準に至るまで歩合給を増額支給する。

3．激変緩和措置
　　新賃金制度導入により不利益を生じた場合、それを補てんするために、下記の比率により３年間を限度として調整手当を支給する。
　　新賃金制度による賃金（割増賃金含む）および補てん額（調整手当）の累積額合計が、旧賃金制度の計算による賃金の累積額を下回ることになった場合、下回る分を調整手当として支給する。
　　１年目：月例賃金において、旧制度と新制度の差額の　％を補てんする。
　　２年目：月例賃金において、旧制度と新制度の差額の　％を補てんする。
　　３年目：月例賃金において、旧制度と新制度の差額の　％を補てんする。
　　４年目：補てんなし。

4．その他
　経営環境、業績の激変や勤務成績の著しい不良等があった場合は、上記内容が変更されることがある。

以上

◆同意書様式例

```
                       同　意　書

□□運輸株式会社　御中
                              令和　　　年　　　月　　　日

                         氏名　　　○○　○○　　　　　印

　　新賃金規程への変更、ならびに令和　　年　　月　　日支払い分から賃金が下記
内容に変更されることについて、同意します。なお、令和　　年　　月　　日開催
の新賃金制度説明会に出席し、新賃金規程に関する説明を受けました。

                          記
　１．月例賃金
　　　(1)固定的賃金
　　　　　①基本給　　　　　　　　　　円（△△輸送業務）
　　　　　②勤続給　　　　　　　　　　円（勤続1年につき、　千円昇給。上限　万円）
　　　　　③役割手当　　　　　　　　　円（リーダー）
　　　　　④安全手当　　　　　　　　　円（対人・対物無事故、道路交通法無違反の場合）
　　　　　⑤子供手当　　　　　　　　　円（　　人分）
　　　　　⑥通勤手当　　　　　　　　　円
　　　　　固定的賃金月計　　　　　　　円

　　　(2)歩合給
　　　　　①売上金額（円）　　　×　　歩率　　％
　　　　　②走行距離（ｋｍ）　　×　　　　　　円
　　　　　③立ち寄り件数（1件）×　　　　　　円

　　　(3)割増賃金
　　　　時間外労働割増賃金、休日労働割増賃金、深夜労働割増賃金は法定どおり支給
　　　する。

　２．出来高払制の保障給
　　　　実労働時間あたりの固定給と歩合給の合計額が、過去3か月分の固定給と歩
　　　合給の合計額をその期間の総労働時間数で除した金額の6割に満たない場合
　　　は、その水準に至るまで歩合給を増額支給する。

　３．激変緩和措置
　　　　新賃金制度導入により不利益を生じた場合、それを補てんするために、下記
　　　の比率により3年間を限度として調整手当を支給する。
　　　　新賃金制度による賃金（割増賃金含む）および補てん額（調整手当）の累積
　　　額合計が、旧賃金制度の計算による賃金の累積額を下回ることになった場合、
　　　下回る分を調整手当として支給する。
　　　　1年目：月例賃金において、旧制度と新制度の差額の　％を補てんする。
　　　　2年目：月例賃金において、旧制度と新制度の差額の　％を補てんする。
　　　　3年目：月例賃金において、旧制度と新制度の差額の　％を補てんする。
　　　　4年目：補てんなし。

　４．その他
　　　経営環境、業績の激変や勤務成績の著しい不良等があった場合は、上記内容が
　　　変更されることがある。
                                              以上
```

④ 就業規則・賃金規程の改定

　新賃金体系を就業規則・賃金規程に落とし込み、従業員から民主的に選出された従業員代表へ説明を行い、意見書を取得、就業規則変更届とともに所轄労働基準監督署へ届出を行う。

　なお、この従業員代表の選出は重要なポイントで、このプロセスをきちんと行わなければ、就業規則・賃金規程の変更手続に不備があったとして、就業規則・賃金規程変更に異議を申し立てられかねない。

　具体的な手続きは、立候補者を募る、複数人いる場合は選挙、いなければ信任投票・挙手等により、従業員の過半数の信任があれば決定する。また、立候補者がいない場合、適任者を推薦してもらい、その者について、上記同様信任の手続きを行う。なお、トラック運送業では従業員が一堂に集まらない場合が多いので、「従業員代表選出様式」を用い、点呼の際に説明するなどして信任の手続きを行うのも現実的な方法である。

　なお、就業規則・賃金規程は、従業員に適切に周知されなければ効力を持たない。労働基準法および労働基準法施行規則では、周知について 205 ページのように規定されている。この 3 つの内、最低でも 1 つは実施する必要がある。休憩室等でドライバーがいつでも見られる状態にしておくことがもっとも簡便な方法である。

◆従業員代表者選出用紙の例

従業員代表者選出用紙

令和　　年　　月　　日

所属　　　　　氏名　　　　　　　氏

〇〇運輸株式会社

　上記従業員は、下記協定等を結ぶ際の従業員代表者候補です。
　この候補者を従業員代表者にすることに賛成される方は賛成欄に署名してください。反対される方は反対欄に署名してください。
　この従業員代表者の選出に係る署名については、皆様方の自由な意思で行ってください。賛成あるいは反対したため、不利益な扱いを得ることは一切ありません。

労使協定等の種類　1．就業規則変更に関する意見書
　　　　　　　　　2．時間外労働および休日労働に関する労使協定および協定届
　　　　　　　　　3．1年単位の変形労働制に関する労使協定および協定届
　　　　　　　　　4．育児・介護休業等に関する労使協定書
　　　　　　　　　5．賃金控除に関する労使協定書

賛成署名欄	反対署名欄

【就業規則・賃金規程の周知方法】

> ① 常時各作業場の見やすい場所に掲示するか、または備え付ける。
> ② 書面で労働者に交付する。
> ③ 磁気テープ、磁気ディスクその他これらに準ずる物に記録し、かつ、各作業場に労働者が当該記録の内容を常時確認できる機器を設置する。

⑤ 一定期間後の制度の見直し

新賃金制度を構築する上で、さまざまな角度からシミュレーションを行うものの、実際に運用してみないとわからない点はやはり残る。

新賃金制度を実際に導入し、一定期間後に検証、確認を行った結果、当初設計していた内容と大きく異なる結果が出てしまう場合などには、制度の見直しが必要になることがある。

こうした見直しを行うことがある旨を最初からアナウンスしておくと、制度改定が受け入れられやすい面があるが、一方で、あまりコロコロと制度を変更したのではかえって不信感が増すこともある。通常は一定期間の激変緩和措置を講じていることから、少なくとも6か月から1年程度は新賃金体系に変更したことで起こる現象をじっくり確認した上で見直しを行うのが適切である。

なお、これらにより再度賃金制度の見直しを行う場合は、改めてドライバーにきちんと説明を行うべきである。

(2) 労働組合がある場合のプロセス

労働組合が存在する場合には、当然労働組合にも説明し、一定の理解を得ることが必要となる。賃金制度という最も重要な労働条件の変更となるため、当然団体交渉を求められることになると考えられ、それも一度ではすまない可能性が高い。

労働組合がある場合は、そこへの説明に加えて団体交渉も行うことになるため、変更プロセスに少なくとも3か月程度のプラスの期間を予定しておく必要がある。

第4章

賃金制度改革事例

　トラック運送業のドライバー賃金制度の改革を行ったＡ社の事例を紹介する。これは、実在するトラック運送業の事例のいくつかを組み合わせたものであり、フィクションであるが、制度改革のエッセンスはリアルなものである。賃金制度改革に当たって参考にしていただきたい。

1 企業概要

　中部地方のトラック運送業Ａ社は、1980年創業、ドライバー数は約100人の老舗企業である。創業者が高齢のため引退し、その長男が3年ほど前に代表者に就任した。主要業務は、「専属便を含む地場配送」、「大手運送会社の下請け長距離輸送」、「引越便」の3つである。

　現在、定年は60歳であり、希望者全員1年ごとの契約更新により65歳までは勤務可能である。

　現社長は、大学を卒業後大手製造業に就職し、工場勤務の経験も持つ。その後、社長である父親の要請を受けて、30代半ばでＡ社に入社したが、会社経営にさまざまな問題意識を持っていた。

　その1つが、ドライバーの労務管理に関するものである。社長は、自身が行った工場管理の経験と比較して、労務管理とくに時間管理が非常にアバウトであり、それについての違和感である。

　もう1つの問題意識は、賃金制度についてである。Ａ社では、体系的な賃金制度はなく、基本給や各種手当、そして職種によっては歩合給が設定されているが、ルールに基づく運用がされておらず、成り行きで金額が決まっていた。歩合給の歩率なども、人によって異なる状況があった。そのため、バブル時代に入社したドライバーは賃金が高止まりして、同一職種であっても格差が生じ、それが固定化しているという実態があった。職種間格差もあり、こうした賃金面での不公平さを是正したいという思いがあったのである。

　収益面からみても、近い将来赤字に転落するおそれがあり、賃金制度改革は避けて通れないと感じていた。その背景として、特に地場配送を中心としてこの10数年の間に運送単価が低下してきたという事

情がある。

　また、最近、複数の同業他社から未払い残業代を請求されているという話を聞いた。そのうちの1社は、退職した複数の元ドライバーの代理人弁護士から未払い残業代の請求を受けており、請求額は1人あたり過去2年分で約800万円にも上るという。A社において、割増賃金の支払いに問題があることは日頃感じていたため、社長は非常に強い危機感を覚えた。

　このような事情があって、労働時間管理を改善することに加えて、賃金制度を抜本的に変えていく決断をした。しかし、自社だけで制度改革を行うことは困難だったため、トラック運送業の賃金制度に明るいコンサルタントへサポートを依頼するに至ったのである。

　A社のドライバー職種の内容は、以下のとおりである。

(1)　専属便を含む地場配送

　地場配送に従事するドライバーは、賃金水準から見て3つのグループに分かれる。

　勤続年数が長いドライバーは、比較的割のよい業務を担当し、賃金水準も高めである。かつて賃金水準が高かった時代に入社し、そのまま高止まりしている状態といってよい。勤続年数10年程度で、今後業務の担い手として中心的な役割を果たすと考えられる中堅ドライバーのグループ、そして最近入社した賃金支給水準を低めに抑えられた若手ドライバーのグループである。

　現賃金体系は、基本給19〜28万円程度（ドライバーによって異なる）、主任手当、特別手当、食事手当、家族手当、通勤手当である。特別手当の支給目的や意味は不明確であり、何らかの理由で支給対象者を優遇するために設けられた手当と考えられる。また、賞与については年間で基本給および役職手当の1.5か月分を基本に評価によってプラスマイナスしている。

(2)　大手運送会社の下請け長距離輸送

　長距離輸送部門である。この職種についての、経営者の悩みは長時間労働である。月によっては、100時間の時間外労働を行うこともある。賃金水準としては、このグループが最も高い。勤続年数が長いグループは、基本給に加え歩合給の歩率が高めに設定されており、それ以外のドライバーが少数存在するという状況である。

　基本給10〜14万円程度（ドライバーによって異なる）で、他に主任手当、通勤手当、歩合給の構成である。歩合給に割増賃金が含まれるという考え方で別途割増賃金は支払っていない。ただし、賃金規程にはその内容は明記されていない。なお、賞与については寸志程度の支給としており、夏季3万円、冬季5万円を基本に評価によってプラスマイナスしている。

(3)　引越便

　引越便は歴史の浅い業態であり、担当するドライバーも勤続年数は比較的短く、賃金水準も他の職種と比べて低めである。

　賃金体系は日給制であり、基本給日額8千〜1万2千円（ドライバーによって異なる）、主任手当、業務手当、食事手当、家族手当、通勤手当である。このうち業務手当は固定残業手当として支給されている。しかし、この内容も賃金規程には明記されておらず、業務手当以外に別途割増賃金は支給されていない。なお、賞与については地場配送と同様に、年間で基本給および役職手当の1.5か月分を基本に評価によってプラスマイナスしている。

2 賃金実態の確認

(1) 時間外労働時間数の確認

　現状把握のため、現賃金制度における支給実態を確認する。

　エクセルを使って、直近の1か月分および昨年の年収データにより、「賃金支給一覧」（巻末折表参照）を作成していった。ここでのポイントは、時間外労働に関するデータである。現状、労働時間管理が適切に行われておらず、時間外労働時間数の記録がずさんな内容で、一部記録自体が残されていない。賃金制度改革に当たり、割増賃金未払いの状態は解消する必要があるので、まずは実際の時間外労働時間数を明らかにしなければならない。

　今回の作業において、過去のデジタコ記録や点呼簿等を確認していった上で、時間外労働時間数の概算数値を算定した。なお、季節ごとで繁閑差があるため、1年分の各月の時間外労働時間数も集計、把握を行い、新賃金制度のシミュレーションの際に活用することとした。なお、全員分を把握するのは大変な作業だったため、3職種ごとに母集団の特徴を反映するような構成で10名程度を選び出して調査を行った。

(2) 外部相当性の確認

　自社の支給実態と世間水準を比較することは、外部相当性の確認のための重要な作業である。比較の基準数値として、厚生労働省の統計資料である賃金センサスの結果を用いた。

比較の結果は図表4-1「賃金診断エクセルプロット図」のとおりであり、折れ線が賃金センサスのデータ、プロットされているのがドライバーそれぞれの賃金数値である。なお、賃金センサスの折れ線化は、公表数値に一定の演算処理を行った上でグラフに落としたものである。

　地場配送と長距離輸送においては、世間水準と比較してかなり高賃金の者が多く存在している。

　一方で、引越便は世間水準より低めの者が多くなっており、現賃金体系の問題点の1つといえる。また、人材分布については30代前半までが極端に少なく、40代後半から50代が中心であり、若手ドライバーの確保が重要な課題であることも確認できた。

(3)　内部公平性の確認

　次に、内部公平性を確認するため、賃金支給水準の各種偏りを確認していった。

　内部公平性の確保つまり社内における不公平の是正は、賃金制度改革の大義名分の1つとなるため、その把握は非常に重要な作業である。

　年齢にかかわらず同職種において賃金の高い者と低い者が存在していたが、この格差は主に入社時期により生じていると考えられる。また、地場配送と長距離輸送の賃金水準に比べ引越便の支給水準が低すぎる状況が読み取れた。引越便のドライバーはアルバイトから社員登用された者が多く、低い賃金水準からスタートしたという事情が影響しているとみられる。仕事内容に違いはあるものの、現状はその差が大きすぎることから、ドライバーの納得感も得られず、会社としても部署異動がしづらいなどの支障が生じていた。

◆図表4-1 賃金診断エクセルプロット図（年収）

〇〇運輸株式会社 様 2020年1月実施 諸手当・残業代含む

株式会社ビジネスリンク

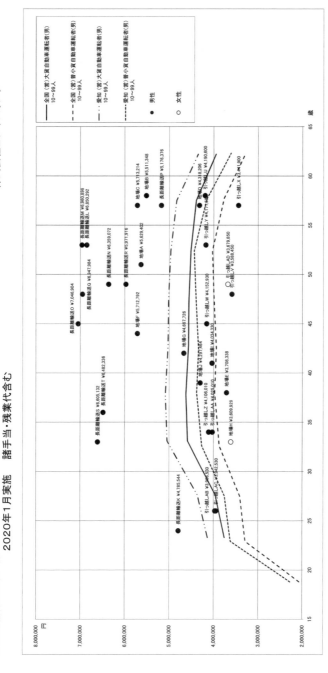

(4) 割増賃金未払いの確認

　割増賃金未払いの発生の有無、その程度の確認も非常に重要な作業である。

　今回のケースにおいては、そもそも労働時間管理がずさんであり、時間外労働時間の把握が適切に行われていなかった。

　地場配送グループに対しては、時間外手当を別途支払っていたが、残業代単価の計算で基本給のみを割増賃金の計算基礎としており、その他の諸手当を単価に含めていなかった。この計算式誤りによる割増賃金未払いが若干生じていた。

　長距離輸送グループについては、割増賃金は歩合給に含まれているという定義のみで済ませているため、現実にはすべて未払いの状態にあった。

　引越便グループに対しては、業務手当を固定残業手当として支給していたが、前述のとおり就業規則・賃金規程にそれについての記載はなかった。さらに、この業務手当で法的に必要な割増賃金がまかない切れているかの検証は行われていなかった。

【割増賃金過不足試算】引越便Ｖ氏の場合

　前提条件は以下のとおりである。
　・所定労働時間 170 時間
　・時間外労働時間数 30 時間
　・基本給 230,800 円、食事手当 10,000 円
　・業務手当（固定残業手当）25,000 円

　旧賃金制度における基本給は 230,800 円、食事手当は 10,000 円であるため、必要な時間外労働割増賃金は 53,118 円となる。このうち固定残業手当である業務手当でまかなわれるとした 25,000 円を除いても 28,118 円が不足している。

〔計算式〕

時間外労働割増賃金＝（230,800円＋10,000円）÷170h × 1.25 × 30h
　　　　　　　　　＝53,118円

　エクセル上で3グループ30人分の未払い割増賃金の計算を行ったところ、月あたり約156万円となった。これは全体（約100人）の3割なので、全社で月額約520万円、年間6千万円以上の未払いが発生していると推定された。

　現賃金制度における支給実態を確認した上で、解決すべき課題を確認していくのが次のステップとなる。

　A社が抱いていた賃金制度に関する問題意識は以下のとおりであった。

・将来的に採算が厳しくなってくることが予想されるため、世間水準と比較して支給水準が高すぎると考えられる部分を引き下げたい。

・同職種、同業務内容であっても、ドライバーによって支給水準が大きく異なっていることに対して多くのドライバーが不信感を持っており、この不公平さを是正する必要がある。

・割増賃金に関する法的リスクを解消したい。エクセル上の試算にによれば、全社で年間6千万円以上の未払い割増賃金が発生していると推定されるので、これを解消していくことは喫緊の課題である。

・掛け持ちで業務を行うケースも増えており、職種ごとで異なる賃金体系をある程度共通的なものに置き換えていきたい。

　A社自身の問題意識、賃金実態の分析を踏まえ、以下の点が今回の賃金制度改革の課題として追加で確認できた。

　主要テーマの1つが世間相場を大きく上回っている部分の支給水準の引下げである。できれば年400〜450万円に収めたいが、その水準にした場合、最大で年収で約250万円もの賃金減額となるので、これはさすがに難しいと考えられる。そのため支給額水準は最大でも年収

500万円台前半に抑えることを目指したい。また、この引下げ措置に
よって、入社時期による賃金格差を縮小するとともに、職種間の格差
をドライバーから反発が起きない範囲に収めたい。

　割増賃金未払いを発生させないためには、賃金制度だけでなく労働
時間管理方法についても改善を図る必要がある。

　事故負担金についても課題として認識された。現在、ドライバーが
事故を起こして会社に損害を与えた場合、一定のルールをもとに事故
負担金をドライバーに課しているが、この事故負担金が法違反である
という指摘をドライバーから受けたことがある。このやり方は、労働
基準法16条「賠償予定の禁止」に抵触するおそれがあるため、この
点についての見直しが必要と認識された。

4 改革の方向性

（1） 大義名分

　賃金制度改革において、その大義名分をどのように設定するかは改革の成否に影響する重要なポイントとなる。

　今回の改革においては、内部公平性の確保、つまり優遇されているドライバーと、低い水準にあるドライバーの格差を是正することを第一に掲げることとした。その優遇部分は、世間水準を大きく上回っている部分でもある。

　賃金水準が高いのは、主として地場配送や長距離輸送の運賃収入がかつて高い水準にあったという事情によると考えられるが、現在運賃収入はその水準から何割か低下してしまっている。現行のまま推移した場合、会社が赤字に転落する可能性が高く、その状態が続けば会社の存続に関わる問題となるので、それを回避するためというのも改革の大義名分となる。

（2） 合理的な賃金水準の実現

　合理的な賃金水準の実現とは、言い方を変えれば合理的な賃金格差の実現ということになる。

　A社の場合、長距離輸送は夜間走行が中心で、車中泊の運行も多い。一方地場配送や引越便は日々自宅に帰ることができる。また、地場配送は引越便と異なり、荷主企業とコミュニケーションを図り、継続的取引関係を維持していかなくてはならないという気苦労があるな

ど、職種間に賃金格差が存在すること自体には一定の納得感がある。問題はその程度である。

　同じ職種においては、輸送量や走行距離などの業務量に応じた賃金額の実現が中心テーマとなるが、新人とベテランの習熟度によりある程度の差を設けることには合理性がある。ただし、現時点での収支はぎりぎり黒字に踏みとどまっていることや、目標とする賃金引下げ幅が大きいことから、高すぎる部分については3年程度の時間を掛けて徐々に引下げを行っていくのが現実的と考えられる。

　また、繁閑の差があることから、引越便職種においては、閑散期の賃金額では生活が困窮することを理由とした離職も生じている状況にある。極端な変動が起きないように月例賃金額をある程度平準化すると同時に、業務量が減って賃金が低下する時期に新賃金制度を導入し、ドライバーに底上げ感を感じてもらえるようにしていきたい。

(3)　ルールに基づく賃金制度とする

　新たに構築する賃金制度がルールに基づき変更可能な制度になるよう、基本給や各種手当について、その支給基準や支給額を就業規則・賃金規程に盛り込んで規定していく。歩合給についても、歩合指標や単価などを就業規則・賃金規程に盛り込むこととする。

　また、就業規則・賃金規程に賃金決定ルールを具体的に記載することで、就業規則の変更による賃金制度変更が可能な状態にしておく。

(4)　割増賃金未払いを発生させない

　現状では、割増賃金未払いが発生していることが想定される。

　現在は固定残業手当方式（引越便において業務手当を割増賃金として支給）や歩合給を割増賃金として支払う方式（長距離輸送）を採用しているが、法的要件を満たしていないと考えられるので、割増賃金

支給方式を改善する必要がある。

　ただし、すべての割増賃金を原則的方法で支払える状況ではないと考えられるため、長時間労働が避けられない長距離輸送部門においては、歩合給の一部を割増賃金として支給するなどの含み型割増賃金の採用も検討する。

（5）　労働時間制の改善と労働時間管理の適正化

　賃金制度改革と同時並行で、時間管理の方法を変更する。これまで地場配送については顧客に合わせた勤務態勢を敷くため1か月単位の変形労働時間制を採用していた。また、引越便については、季節的な変動が大きいため、1年単位の変形労働時間制により業務量と所定労働時間のマッチングを図っていた。長距離輸送も多少の季節的変動があるため1年単位の変形労働時間制を採用していた。

　これまでの労働時間管理の実態を精査したところ、季節的変動は多少あるものの変形労働時間制を適用するほどの変動ではないこと、荷主の都合により変形労働時間制において求められる労働日ごとの労働時間をあらかじめ具体的に定めることが難しく、特に1年単位の変形労働時間制において必要となる「期間の始まる30日前までに労働日と労働時間を特定すること」は実質的に不可能であることも確認できた。

　そして、1か月単位の変形労働時間制について事例に基づき試算してみたところ、次ページのとおりどの労働日においても法定労働時間を超えるような働き方をしている場合、変形労働時間制であっても原則的な時間管理方法であっても、月の時間外労働時間数に大きな差は生じないことが確認できた。

　こうしたことから、全職種において変形労働時間制は採用せず、原則どおり1日8時間1週40時間を超えた部分を時間外労働としてカウントしていく方式に変更し、労働時間管理に対する疑義が生じないような状態をつくっていくこととした（図表4-2参照）。

◆図表4-2　1か月単位の変形労働時間制と原則的方法の比較

H30.4　　所属 _____　　　　氏名　○○　○○　　　　拘束時間　240時間55分

日付	曜日	始業時間	終業時間	休憩 5:00〜22:00	法定内労働時間（所定労働時間）	法定外労働時間（日）8:00超過分	法外外労働時間（週）40:00超過分	累積時間外労働（月次）	累積時間外労働（年次）
前月繰越					0:00				
4月1日	日				0:00	0:00	0:00	0:00	0:00
4月2日	月	6:30	16:40	1:00	8:00	1:10		1:10	1:10
4月3日	火	7:30	18:30	1:15	8:00	1:45		2:55	2:55
4月4日	水	7:15	17:00	1:00	8:00	0:45		3:40	3:40
4月5日	木	6:45	17:35	1:00	8:00	1:50		5:30	5:30
4月6日	金	7:00	18:50	1:30	8:00	2:20		7:50	7:50
4月7日	土				0:00	0:00		7:50	7:50
4月8日	日				0:00	0:00	0:00	7:50	7:50
4月9日	月	7:30	18:20	1:00	8:00	1:50		9:40	9:40
4月10日	火	7:15	18:00	1:00	8:00	1:45		11:25	11:25
4月11日	水	6:45	16:30	1:00	8:00	0:45		12:10	12:10
4月12日	木	6:50	18:05	1:15	8:00	2:00		14:10	14:10
4月13日	金	7:20	17:30	1:00	8:00	1:10		15:20	15:20
4月14日	土	7:45	17:00	0:45	8:00	0:30		15:50	15:50
4月15日	日				0:00	0:00	8:00	23:50	23:50
4月16日	月	6:30	16:30	2:00	8:00	0:00		23:50	23:50
4月17日	火	7:20	18:30	1:20	8:00	1:50		25:40	25:40
4月18日	水	6:45	17:30	1:30	8:00	1:15		26:55	26:55
4月19日	木	7:45	16:45	1:00	8:00	0:00		26:55	26:55
4月20日	金	7:00	17:00	1:15	8:00	0:45		27:40	27:40
4月21日	土				0:00	0:00		27:40	27:40
4月22日	日				0:00	0:00	0:00	27:40	27:40
4月23日	月	6:30	17:00	1:00	8:00	1:30		29:10	29:10
4月24日	火	7:35	18:30	1:30	8:00	1:25		30:35	30:35
4月25日	水	6:40	17:40	1:15	8:00	1:45		32:20	32:20
4月26日	木	6:35	17:00	1:00	8:00	1:25		33:45	33:45
4月27日	金	7:45	16:50	1:00	8:00	0:05		33:50	33:50
4月28日	土	6:30	17:00	2:00	8:00	0:30		34:20	34:20
4月29日	日				0:00	0:00	8:00	42:20	42:20
4月30日	月	7:15	19:15	1:20	8:00	2:40		45:00	45:00
				27:55	① 184:00	② 29:00	③ 16:00	45:00	45:00

45:00

次月繰越　8:00

1. 原則労働時間の場合
・1か月の総労働時間数　①＋②　　　　　　　213時間
・法定外労働時間数　　②＋③　　　　　　　45時間

2. 1か月単位の変形労働時間制の場合
・1か月の総労働時間数　①＋②　　　　　　　213時間
・法定外労働時間数　　（①＋②）－171【30÷7×40】41時間34分

差は約3.5時間

割増賃金未払い解消を実現するためには、生産性向上と労働時間の正確な把握が必須である。時間外労働を厳密に管理していくことに伴い、これまで比較的緩やかに管理していた拘束時間内の休憩時間についてもしっかり管理を行っていくこととした。

　具体的には、日報およびタコグラフなどにより、運行管理者が労働時間と休憩時間を確認し、それをドライバーに確認・サインを求めることで、日々確定していく方法を採用することとした。しかし、地場配送の一部で、1日のうちに複数台の車輌を乗り換えて業務を行う業務があり、デジタコなどで客観的に労働時間を算定するのが難しい状態にあった。

　これへの対処法としては、やや乱暴ではあるが方面ごとに道路事情や必要休憩時間を踏まえ、25 km 走行に1時間を要するものとして走行距離から労働時間を算定することとした。実績を検証していき、必要があれば算出方法の見直しを行うものとする。

　時間外労働時間数の把握は絶対に必要なので、状況によってはこのような方法であっても労働時間を特定していかなければならないのである。

　労働時間をすべてドライバー任せにせず、目標とする労働時間数を設定することは有効である。例えば、交通事故渋滞や積雪など突発的な事情を除き、基本路線においては走行ルートや休憩場所を指定し、基準となる拘束時間（労働時間や休憩時間）を設定する。もちろん、安全運転が大原則である。

　運転業務の性質上、製造業などに比べて時間外労働時間数を削減するという考えが希薄な場合が多いが、基準時間の設定や運行管理者による日々の確認により、長時間労働の削減のための意識改革を行っていくこととした。

5 職種ごとの賃金構造と年収幅を決める

　今回の新たな賃金構成においては、職種間の共通項をできるだけ増やしていくことを念頭に置く。そして、個別の査定で決めるのではなく、ルールに基づき支給額が決まる方式を採用する。

　理想は、主な賃金項目を全職種共通にすることである。できれば基本給は統一的なものにしたい。そして、習熟を評価する意味と、定期昇給の要素を少しでも取り入れるため、勤続給を導入することとした。

　長距離輸送については、これまでも歩合給を取り入れているので、歩合給に対する拒否感は大きくないと考えた。歩合給の活用は、割増賃金抑制の意味からも望ましいので、継続していくこととした。ただし現在は売上（運送収入）だけが歩合給指標となっているが、それだと割の良い仕事、悪い仕事で不公平も生じるので、歩合給指標を追加する余地があると判断した。

　以上のようにざっくりと考えた結果、職種ごとの基本構造は以下のような形に持っていくこととした。

地場配送　　：基幹的賃金（基本給＋勤続給）＋補助的賃金（手当）
　　　　　　　＋割増賃金
長距離輸送：基幹的賃金（基本給＋勤続給）＋補助的賃金（手当）
　　　　　　　＋歩合給＋割増賃金
引越便　　　：基幹的賃金（基本給＋勤続給）＋補助的賃金（手当）
　　　　　　　＋歩合給＋割増賃金

まずは、この基本構造をベースにおいて、基幹的賃金、補助的賃金（手当）、歩合給、割増賃金のあり方を具体的に検討する。そのうえで、もし構造上無理があるのであればこの内容を変更し、新たな基本構造を検討していくこととした。

　職種ごとの賃金の基本構造を決めたので、次は職種ごとの年収幅とターゲット年収を決めていった。

　年収幅とは、言うまでもなく下限年収と上限年収であり、ターゲット年収とはその職種のあるべき年収のことである。ターゲット年収が真っ先に思い浮かばない場合は、下限年収と上限年収の中間値をターゲット年収としてもよい。

　なお、ここでの年収には、想定される時間外労働に対する割増賃金や標準的な賞与額も含めた金額である。この総枠を前提として細部を詰めていくこととする。

職　　種	最低年収 （万円）	最高年収 （万円）	中間値 （ターゲット年収） （万円）
地場配送	350	500	425
長距離輸送	400	600	500
引越便	350	450	400

6 補助的賃金（手当）の決定

　次に、手当の統廃合を具体的に行っていく。現行の賃金体系には、支給目的や金額差が説明できない手当もあることから、全社共通または職種ごとに必要な手当の再精査を行った。

　結果の要点は次のとおりであり、詳細は次ページ新旧対比表のとおりである。

- 主任手当を役割手当に名称変更した。主任は恒常的なポジションではなく、ある時点でその役割を担ってもらうという趣旨であるため、そのニュアンスを強調したものである。
- 特別手当は、地場配送部門に月額5千〜1万円支給されていたが、支給の目的や意味は不明確で、何らかの理由により支給対象者を優遇するものであったことから廃止した。
- 食事手当は、地場配送部門および引越部門に出勤1日あたり500円（上限1万円／月）を支給していたが、食事代の補てんとしての意味合いも形骸化していたことから廃止した。
- 業務手当は、引越部門に支給しており、この業務手当を固定残業手当として支給し、業務手当以外割増賃金が支給されていないことから、結果的に割増賃金未払いの状況が生じていた。今回の賃金制度改革の目的の1つである割増賃金未払いの撲滅のため、業務手当を廃止した。
- ドライバーが事故を起こした際に課していた事故負担金に換えて、交通事故や交通違反、輸送事故などの抑止を目的とした安全手当を新設した。
- 家族手当は、昨今の社会情勢を反映し、配偶者を外し、子供のみ

を支給対象とした。また、人数による支給額の差や上限は廃止した。

　なお、同一労働同一賃金の原則を守り、非正規雇用者（有期雇用者）である定年退職後継続雇用の嘱託社員に対して、手当類は正規雇用者と同様の扱いとした。

◆補助的賃金（手当）の新旧対比

現在の手当		新賃金制度での対応（新設手当を含む）
名称	支給ルール	
主任手当	主任に対して5,000円／月を支給	主任は恒常的なものでなく、ある時点において、その役割を担ってもらう趣旨なので、名称を「役割手当」に変更、金額は5,000円／月で変更なし
業務手当	引越部門にのみ固定残業代として支給。25,000円と35,000円のケースがある。	業務手当以外割増賃金が支給されていないことから、結果的に割増賃金未払いの状況が生じていた。今回の賃金改革の目的の1つである割増賃金未払いの撲滅のため、業務手当を廃止
特別手当	支給の目的や意味は不明。支給額は5,000〜10,000円と人によって異なる。	支給の目的や意味は不明確で、何らかの理由により支給対象者を優遇するものであったことから廃止

安全手当		ドライバーが事故を起こした際に課していた事故負担金に換えて、交通事故や交通違反、輸送事故などの抑止を目的とした安全手当を新設 対人および対物事故、道路交通法に違反しなかったと会社が判断した場合に、月額 20,000 円を支給
食事手当	地場配送部門および引越部門に出勤 1 日あたり 500 円（上限 1 万円／月）を支給	食事代の補てんとしての意味合いも形骸化していたことから廃止
家族手当	税法上の扶養家族を有する者に、扶養家族一人目 14,000 円、二人目以降 2,000 円を支給。ただし、対象者は年間収入が 103 万円以下の配偶者、18 歳未満の子（ただし、大学、専修学校等に在学する場合においては 22 歳到達年度末までに限る）	昨今の社会情勢を反映し、配偶者を外し、子供のみを支給対象とし、また人数による支給額の差や上限は廃止 税法上の扶養控除対象家族である子（ただし、所得税法上扶養家族として扱われない 16 歳未満の子についても支給対象とする。また、22 歳到達年度末の昼間学生に限るものとする。）を有する者に、10,000 円／月（人数に制限なし）を支給
通勤手当	通勤距離に応じて支給 （次ページ表）	変更なし

◆通勤手当

（単位：円）

片道通勤距離	支給月額
0 km 超～1 km	0
1 km 超～2 km	2,000
2 km 超～3 km	3,000
3 km 超～4 km	4,000
4 km 超～5 km	5,000
5 km 超～6 km	6,000
6 km 超～7 km	7,000
7 km 超～8 km	8,000
8 km 超～9 km	9,000
9 km 超～10 km	10,000
10 km 超～11 km	11,000
11 km 超～12 km	12,000
12 km 超～13 km	13,000
13 km 超～14 km	14,000
14 km 超	15,000

7 基幹的賃金の決定

(1) 勤続給

基幹的賃金として勤続給を採用した。勤続年数を経ることによる習熟を評価する趣旨と、少額であっても定期昇給を実現する意味からである。勤続給として、勤続年数満1年につき1千円を支給し、3万円を上限とする。つまり、30年間毎年1千円ずつ定期昇給することになる。これは全職種共通とする。

非正規雇用者である60歳定年後のドライバーについては、定年時に勤続給をリセットし以後支給はしないものとした。この点のみ、正規と非正規の格差があるが、定年退職を契機とする勤続給の廃止は、定年という事実をとらえれば不合理な格差とはならないと考えた。

(2) 基本給

勤続給の設定を前提として、基本給については一律の金額を設定する。

基本給はこれまで各人ごとに勤続年数や担当する職種等で個別に定めていたが、職種の違いによる合理的な格差は諸手当で、成果の違いは歩合給で設定することとし、基本給は一律20万円とする。

ただし、長時間労働が慢性化している長距離輸送については、割増賃金の発生額を抑制するため、基本給を他職種とあわせることはせず10万円の設定とし、歩合給を中心とした賃金体系とする。

検討段階においては、当初全職種一律20万円で検討していたが、

後述のシミュレーションにおいて、20万円の設定だと時間外手当が非常に大きな数字になり、バランスが取れなくなってしまったので、地場輸送、引越便は20万円、長距離輸送10万円の設定となった。

8 歩合給の詳細設定

次に歩合給について説明していく。

(1) 長距離輸送部門

これまで長距離輸送部門に対して、売上金額のみを指標として支給していた歩合給について、複数の指標を設定することとした。手間のかかる小口配送や売上に反映されにくい遠距離輸送などがあり、配車による不公平感が生じていたからである。

設定した歩合給指標は、売上高、走行距離、立ち寄り件数（積込み、荷降ろしの両方をカウント）の3つである。この3つの指標に対して、歩率、歩合単価を変化させて後述のシミュレーションを行った。

売上歩合については、現状31.0〜33.5％の幅があり、人によって異なる不公平な設定であったものを、歩合指標を増やしたこともあって率を下げ、20％に統一した。

走行距離に対する歩合も設定した。通常、売上金額は距離に比例すると考えられるが、現実には必ずしもそうはならず、遠くても売上が大きくならないケースもあり、そうした不均衡を是正する目的で設定したものである。

また、複数箇所で積込み、荷降ろしを行うことがあり、こうしたケースにおいてはドライバーの負担も大きくなるため、立ち寄り件数に対して歩合を設定した。

歩率、単価は以下のとおりである。

歩合給指標	歩率・単価
売上金額 （円）	20%
走行距離 （km）	2 円
立ち寄り件数 （1 件）	300 円

　なお、長距離輸送は長時間労働であり、固定給（基本給、勤続給）を設定することとしたため、通常だと時間外割増賃金が非常に大きな金額となり、月の時間外労働時間によって変動幅もきわめて大きなものになる。そうした事態を避けるためには、オール歩合給制を採用するか、含み型割増賃金の設定が対応策となる。

　ここで設定した歩合給が、支給される賃金にどのように反映されるかをシミュレーションしてみる。

【シミュレーション事例】長距離輸送Q氏の場合

　前提条件は以下のとおりである。

・所定労働時間 170 時間
・時間外労働時間数 88.5 時間、深夜労働時間数 34.0 時間
・売上金額 1,335,100 円、走行距離 11,478.0 km、立ち寄り件数 50 件

　旧賃金制度による計算は次のとおりである。

・歩合給＝売上金額 1,335,100 円×歩率 32.0% ＝ 427,232 円
・基本給 135,100 円
・時間外労働割増賃金＝ 135,100 ÷ 170 × 1.25 × 88.5 ＋ 427,232 ÷ (170 ＋ 88.5)× 0.25 × 88.5 ＝ 124,481 円
　深夜労働割増賃金＝ 135,100 ÷ 170 × 0.25 × 34.0 ＋ 427,232 ÷ (170 ＋ 88.5)× 0.25 × 34.0 ＝ 20,803 円
・歩合給に含まれているとしていた割増賃金＝時間外労働分 124,481 円＋深夜労働分 20,803 円 ＝ 145,284 円

旧賃金制度においては、歩合給によって割増賃金は払い済みとしていたものの、実際には割増賃金が 145,284 円発生し、定義も不十分なため未払いの状態になっていたことになる。

　新賃金制度による計算は次のとおりである。

　前提として、基本給は前述のとおり 10 万円、含み型割増賃金を設定することとし、歩合給の 30% を割増賃金とした。

- ・売上歩合＝売上金額 1,335,100 円×売上歩率 20.0% ＝ 267,020 円
- ・走行歩合＝走行距離 11,478km ×走行歩率 2 円＝ 22,956 円
- ・立ち寄り件数歩合＝立ち寄り件数 50 件×立ち寄り歩率 300 円／件＝ 15,000 円
- ・歩合給合計＝ 267,020 円＋ 22,956 円＋ 15,000 円＝ 304,976 円
- ・歩合給に含まれる割増賃金＝ 304,976 円× 30% ＝ 91,493 円
- ・基本給 100,000 円、勤続給 20,000 円、安全手当 20,000 円
- ・必要な割増賃金

　時間外労働割増賃金＝（100,000 ＋ 20,000 ＋ 20,000）÷ 170 × 1.25 × 88.5 ＋ 304,976 × 70% ÷（170 ＋ 88.5）× 0.25 × 88.5 ＝ 109,375 円

　深夜労働割増賃金＝（100,000 ＋ 20,000 ＋ 20,000）÷ 170 × 0.25 × 34.0 ＋ 304,976 × 70% ÷（170 ＋ 88.5）× 0.25 × 34.0 ＝ 14,020 円

- ・追加で支払が必要な割増賃金＝ 109,375 円＋ 14,020 円－歩合給で払い済み割増賃金 91,493 円＝ 31,902 円

　新賃金制度においては含み割増賃金を設定することから、追加で支給が必要な割増賃金は 31,902 円と少額となる。なお、この追加支給は必ず行うこととする。

　この長距離輸送部門については、賃金構成からみて「出来高払制の保障給」の設定が必要となる（88 ページ参照）。

出来高払制の保障給を以下のように設定した。

この内容は、自動車運転者の保障給に関する行政通達を踏まえ「平均賃金の6割以上」ではなく、「通常賃金の6割以上」を保障するものである（91ページ参照）。

・実労働時間あたりの固定給と歩合給の合計額が、過去3か月分の固定給と歩合給の合計額をその期間の総労働時間数で除した金額の6割に満たない場合は、その水準に至るまで歩合給を増額支給する。

今回、オール歩合給制の設定はシミュレーションを行ってみたものの、ドライバーの強い反発が予測されたので採用は見送り、歩合給のうち30％を割増賃金として支給するという含み型割増賃金の導入に至ったのである。もちろん、含み型割増賃金は、争われた場合その機能が否定される可能性がゼロではないが、そのリスクを理解した上での導入である。

採用は見送ったが、オール歩合給制で設計した場合、支給される賃金がどのようになるかの例を以下に示す。なお、歩合指標、歩率等は表のとおりで、オール歩合給制だけに部率を高く設定した。

無事故無違反部率加算とは、安全手当に相当する歩合給部分で、固定的な手当で支給すると割増賃金への反映が大きくなるので、歩合の中での加算としたものである。

歩合給指標	歩率・単価
売上金額（円）	28%
無事故無違反歩率加算	1%
走行距離（km）	2円
立ち寄り件数（1件）	300円

【オール歩合給制シミュレーション事例】長距離輸送Q氏の場合

前提条件は同一であるが以下に再掲する。

- ・所定労働時間 170 時間
- ・時間外労働時間数 88.5 時間、深夜労働時間数 34.0 時間
- ・売上金額 1,335,100 円、走行距離 11,478.0 km、立ち寄り件数 50 件

オール歩合給制度のシミュレーションは以下のとおりである。

なお、ここでは含み型割増賃金の設定はない。

- ・売上歩合＝売上金額 1,335,100 円×売上歩率 29.0%（無事故無違反歩率加算 1%を含む）＝ 387,179 円
- ・走行歩合＝走行距離 11,478 km ×走行単価 2 円＝ 22,956 円
- ・立ち寄り件数歩合＝立ち寄り件数 50 件×立ち寄り単価 300 円 ＝ 15,000 円
- ・歩合給合計＝ 387,179 円＋ 22,956 円＋立ち寄り件数歩合 15,000 円＝ 425,135 円
- ・必要な割増賃金

  時間外労働割増賃金＝ 425,135 ÷（170 ＋ 88.5）× 0.25 × 88.5 ＝ 36,387 円

  深夜労働割増賃金＝ 425,135 ÷（170 ＋ 88.5）× 0.25 × 34.0 ＝ 13,979 円

  必要な割増賃金合計＝ 36,387 円＋深夜労働分 13,979 円 ＝ 50,366 円

オール歩合給制度では、割増賃金を全額別立てで支払うこととしているが、オール歩合であるため、必要割増賃金は 50,366 円と比較的少額に留まる。

（2） 引越部門

　これまで歩合給の設定がなかった引越部門にも、新たに引越件数を基準としたシンプルな歩合給を導入することとした。

　引越部門はこれまで日給制の運用で、月の所定労働日数によって月例賃金額の変動が大きかった。それを平準化するため、基本給20万円を設定したが、従来の日給制の良さ（働いた分だけ賃金が増える）のエッセンスを踏襲するため、引越件数1件につき2,000円の歩合給を設定することとしたのである。引越が2件ある日の歩合給は4,000円となり、引越がない勤務日の歩合給はゼロとなる。

　従来、業務手当を割増賃金として支給（人によって25,000円または35,000円）し、割増賃金の支給はこれで完結させていたが、新制度ではこれを廃止し、割増賃金は法定の計算どおり支給する原則的割増賃金支給方式とした。

歩合給指標	単価
引越件数（1件）	2,000円

　なお、引越部門については、賃金構成からみて固定給の部分が賃金総額中の大半（おおむね6割以上）を占めているので、出来高払制の保障給の設定は不要である。

9 割増賃金支給方式

　割増賃金については、引越便がこれまで業務手当の支給以外に対応はなく、地場配送においても、単価計算の誤りがあったが、新賃金制度においては、法定どおりの計算方法で支給することとした。

　長距離輸送については、前述のとおり歩合給の30％を割増賃金として定義し、それで不足する分を別途精算する方式に変えた。これをルールどおり運用すれば、割増賃金未払いは発生することはないと考えられる。

10 賞与支給方式

　賞与については、基本的にこれまでの支給方式を踏襲する。

　「基本給＋役割手当」を算定基礎額とし、年間の支給係数は、長距離輸送部門以外は 1.7 か月、長距離輸送は 1.0 か月程度とする。

　新たな取組みとして評価制度を導入した。下記のとおりの評価項目を設定し、日常業務における輸送品質向上を目指す。あらかじめドライバーには、趣旨、評価項目、賞与への反映についてよく説明することとした。実施状況を評価した上で評価項目等は順次見直していく予定である。評価を踏まえた賞与支給計算式は以下のとおりとなる。

【評価項目】

項　　目	内　　容
1. 挨拶・言葉遣い	・社内、顧客先において元気で明るい挨拶ができたか ・言葉遣いは丁寧だったか
2. 安全運行・エコドライブ	・交通ルールやマナーは守れたか ・エコドライブを実践できたか ・待機時にエンジンを止めたか ・停車時に輪留めをしたか
3. 車両の保全	・洗車・整理整頓により、車内外および荷台を常に清潔にしていたか ・純正以外の部品を装着していないか

【賞与計算式】

　賞与額＝①算定基礎額×②支給係数×③評価係数×④出勤率

①算定基礎額＝基本給＋役割手当

②支給係数：原則として長距離輸送部門以外は 1.7 か月、長距離輸送は 1.0 か月

（夏、冬それぞれ支給係数は 2 分の 1 となる）

③評価係数：評価結果（評語）と評価係数の関係

評　語	A	B	C
評価係数	1.2	1.0	0.8

④出勤率＝出勤日数÷対象期間の所定労働日数

（年次有給休暇、特別休暇（有給扱いのもの）、公民権行使のため会社が認めた休暇は出勤日数に含め、それ以外の休暇・休業は出勤日数に含めない）

11 シミュレーションと内容の修正

(1) シミュレーションの実施

　これまで組み上げてきた賃金制度を仮決定し、その内容で抽出した
ドライバー30名分のシミュレーションを行った。

　エクセルを使用し、現行賃金体系の右側に新賃金体系を展開し、各
人の新旧対比表を作成した。

　労働時間数に加え、歩合給のシミュレーションもあわせて行った。
エクセルの計算式上、歩合給の部率、単価をパラメータとしそれを変
化させることで検証を行った。

　これらの作業により、固定的賃金、歩合給、割増賃金、賞与のバ
ランスが適切かどうか確認していった。

　なお、シミュレーションにおいて、新賃金体系として当てはめて
いった賃金項目の要点は次ページのとおりである。

◆新賃金体系シミュレーションにおける賃金項目当てはめ

賃金項目	内　　容
基本給	地場配送部門と引越部門は全員一律の 20 万円、長距離輸送部門は全員一律の 10 万円を設定する。
勤続給	入社日を確認し、入社時点からの満勤続年数 1 年につき 1,000 円／月（上限 30,000 円）を設定する。
役割手当	主任手当支給者に対し、役割手当として同額の 5,000 円／月を設定する。
安全手当	シミュレーション上では全員が対人および対物事故、道路交通法に違反しなかったものとして月額 20,000 円を設定する。
子供手当	扶養控除等申告書を確認し、税法上の扶養控除対象家族である子（16 歳未満の子含む。ただし、22 歳到達年度末までの昼間学生に限る。）を有する者に対し、人数制限なく子ども手当として 10,000 円／月を設定する。
通勤手当	取扱い変更なし、従来支給額で設定する。
歩合給	長距離輸送部門については、これまでの売上金額に加え、走行距離と立ち寄り件数の月平均数値を集計し、売上金額×歩率 20%、走行距離 km × 2 円、立ち寄り件数× 300 円で歩合給を算出する。 引越部門については、引越件数の月平均数値を集計し、件数× 2,000 円で歩合給を算出する。 なお、長距離輸送部門については、歩合給のうち 30% を割増賃金として設定する。
時間外手当	地場配送部門および引越部門については法定どおり算出し、その全額を別途支給する。 長距離輸送部門については、法定どおり算出した数値から歩合給× 30% を控除した金額を支給する。
休日出勤手当	法定休日に勤務した場合に、法定どおり算出した額を支給する。
深夜手当	午後 10 時から午前 5 時までの時間に勤務した場合に、法定どおり算出した額を支給する。

賞与	基本的にこれまでの支給方式を踏襲することとし、算定基礎は基本給＋役割手当、支給係数は今回のシミュレーションでは長距離輸送部門以外が 1.7 か月、長距離輸送が 1.0 か月、評価は B 評価であったものとして算出する。

(2)　シミュレーションの結果

　新旧対比による個人ごとの支給額増減と全体の増減の両方を確認していく。

　個人ごとの結果について、これまでの支給額が突出していたドライバー数人については、年収ベースで約17%の減額となった。不利益変更の幅が大きいが、不合理な格差の是正が今回の賃金制度改革最大の目的であるため、この内容で進めることとする。シミュレーション結果は、**巻末折表「新旧賃金制度シミュレーション表」**のとおりである。

　今回ピックアップした各部門10人の新旧賃金制度対比は、最も支給水準が高かった長距離輸送においては、最大減額率である約17%減が2名、部門平均で12.0%の減少。地場配送部門においては約13%減が4名、部門平均で4.7%の減少。逆にこれまでの支給水準が低すぎた引越部門においては、10%以上増が3名、部門平均7.6%の増加という結果となった。そして、全体では5.2%（774万円）の減少となった。

　計画段階で目指した年収幅と最終結果では下表のとおりの差が生じた。もともと水準が高かった長距離輸送部門では計画より高めとなった。

職種	計画段階			結果		
	最低年収(万円)	最高年収(万円)	中間値(ターゲット年収)(万円)	最低年収(万円)	最高年収(万円)	平均値(ターゲット年収)(万円)
地場配送	350	500	425	387	497	443
長距離輸送	400	600	500	437	598	554
引越便	350	450	400	388	435	421

　今回ピックアップした各部門の10名ずつは、それぞれの部門全体の特徴を反映しているため、30名のシミュレーションから全体としての概要を推し量ることができる。これらの数値を100名分（100/30倍）として捉えた場合、全体の年間支給額合計は金額にして約2,582万円の減額という結果になった。

12 賃金制度の最終決定

　シミュレーションを評価し、新賃金制度により当初の課題が解決されたかを確認する。

　基本給を一律とし、必要な手当を設定することで、あるべき格差を実現できた。また、賃金センサスと比較し、大幅に高水準であった者については、おおむね年収500万円台までの減額となった。ただし、減額後の賃金水準でも世間水準と比較して高めの設定である。

　もう1つの課題であった割増賃金については、割増賃金未払いにつながっていた固定残業手当（業務手当）を廃止した。

　制約条件に接触しないかの確認も行う。新賃金体系による賃金の引下げ幅を前述のとおり一定幅に抑える点もクリアできそうである。また、運行管理者による労働時間管理の徹底、固定残業手当の廃止などから、割増賃金未払いを撲滅できる見込みが立った。

　長距離輸送において歩合給の一部を割増賃金として支給する制度を導入するため、この部分において割増賃金未払いが発生しないよう毎月検証を行うこととする。

　変更のタイミングも重要なポイントで、最初にネガティブな印象を与えることは避けなければならない。制度変更時期は5月とし、制度変更当初は閑散期であることから、支給額の増加を実感することが可能である。以上の内容から、当初イメージした実現すべき状態が達成できそうな賃金制度となったと評価できる。

　最終的に採用された新賃金制度は次のとおりである。

賃金項目	地場配送部門	長距離輸送部門	引越部門
基本給	20万円 （全員一律）	10万円 （全員一律）	20万円 （全員一律）
勤続給（共通）	勤続年数満1年につき1,000円／月（上限30,000円）		
役割手当（共通）	名称を「役割手当」に変更、金額は5,000円／月と変更なし		
安全手当	対人および対物事故、道路交通法に違反しなかったと会社が判断した場合に月額20,000円		
子供手当（共通）	子供のみを支給対象、税法上の扶養控除対象家族である子（ただし、所得税法上扶養家族として扱われない16歳未満の子についても支給対象。なお、22歳到達年度末までの昼間学生に限る）を有する者に10,000円／月（人数に制限なし）		
通勤手当（共通）	取扱い変更なし、距離に応じて支給（上限15,000円）		
歩合給	設定なし	売上金額（歩率20％）以外に、走行距離（20円／km）や立ち寄り件数（300円／件）に対しても歩合給を設定。 なお、歩合給のうち30％を割増賃金として支給	引越件数（2,000円／件）に対して歩合給を設定

賃金項目	地場配送部門	長距離輸送部門	引越部門
出来高払制の保障給	設定なし	実労働時間あたりの固定給と歩合給の合計額が、過去3か月分の固定給と歩合給の合計額をその期間の総労働時間数で除した金額の6割に満たない場合は、その水準に至るまで歩合給を増額支給	固定給が6割以上を占めるため設定不要
時間外手当	法定労働時間外に勤務した場合に支給	法定労働時間外に勤務した場合に支給する。なお、時間外手当は、基本給＋勤続給＋安全手当＋役割手当＋正味の歩合給【歩合給のうち割増賃金として支給する部分を除いた歩合給】に対する割増賃金から、割増賃金として支給する歩合給の30％を除いた部分を別途支給	法定労働時間外に勤務した場合に支給
休日出勤手当（共通）	法定休日に勤務した場合に支給		
深夜手当（共通）	午後10時から午前5時までの時間に勤務した場合に支給		

13 激変緩和措置の設定

　今回の賃金制度改革では、これまでの支給額が突出していたドライバーにおいては年収ベースで約17％もの減額となるため、激変緩和措置を設定する。

　設定する激変緩和措置の期間は、現時点での収支はぎりぎり黒字であること、目標とする賃金引下げ幅が大きいことから、3年間をかけて徐々に引下げを行っていく。

　給与計算担当者においては、3年間もの間、旧制度による賃金計算と新制度による賃金計算を重複して行う必要があるが、この期間を設定することでドライバーにとってのネガティブなインパクトを軽減することができるので、その効果は大きい。

　設定する激変緩和措置は累積精算方式を採用する。賞与は基本的にこれまでどおりの支給額を確保するため、月例賃金において旧賃金制度による賃金の累積額の一定割合（1年目100％、2年目90％、3年目80％）と、新賃金制度による賃金および前月までの補てん額（調整手当）の累積合計を比較し、後者のほうが低ければ、下回る分を調整手当として支給する。100％補てんの場合の具体的な激変緩和措置のサンプルは次ページ図表4-3のとおりである。

　なお、激変緩和の趣旨で新旧賃金制度の差額を補うために支給する調整手当は、前述のとおり「臨時に支払われる賃金」に位置づけられるので、割増賃金の基礎に算入しなくてよい。したがって、調整手当の額を計算した後、あらためて割増賃金の計算をし直す必要はない。

◆図表 4-3　累積支給額を基準に差額を補てんする方法のサンプル：100%補てんするケース

相対月	1月	2月	3月	4月	5月	6月	7月	8月	9月	10月	11月	12月	合計
新賃金	25	30	28	25	30	30	32	40	44	30	30	28	372
旧賃金	30	25	30	40	33	35	37	30	36	35	42	50	423
新旧差額	−5	5	−2	−15	−3	−5	−5	10	8	−5	−12	−22	−51
新賃金累積	25	55	83	108	138	168	200	240	284	314	344	372	
旧賃金累積	30	55	85	125	158	193	230	260	296	331	373	423	
補てん限度額※	5	−5	−3	12	3	5	5	−10	−18	−13	−1	21	
補てん額	5	0	0	12	3	5	5	0	0	0	0	21	51
補てん額累計	5	5	5	17	20	25	30	30	30	30	30	51	

補てん額＝旧賃金制度累積額−（新賃金制度累積額＋補てん額累計）　旧賃金累計　　　　　　　423
補てん割合　　100%　　　　　　　　　　　　　　　　　　　　　　　　新賃金＋補てん額累計　423
　　　　　　　　　　　　　　　　　　　　　　　　　　　　　　　　　　差額　　　　　　　　　　0

※この表は、累積精算方式のしくみを示すために、簡素化した数値を用いて計算を行ったものである。

14 合意プロセスの設計

　新賃金制度を導入するにあたっては、大幅に賃金が減額になるケースもあることから、合意に向けた丁寧なプロセスを設計する必要がある。スケジュールをまとめると 251 ページのようになる。

　新賃金制度の導入を 5 月 1 日からとし、2 月中旬に説明会を実施する。毎月実施している安全会議の場で、賃金制度を改定する必要性と改革の方向性を説明する。

　説明会はできるだけ全員の参加を求め、口頭だけでは制度変更の趣旨（大義名分）などが伝わりにくいため、文書を作成し配布する。同じタイミングで同じ文書を用いて説明することで、情報の偏りや変移を防ぎ、余計な不安を生じさせないようにすることが重要である。この際に作成する文書には、わかりやすいモデルケースの支給額事例などを添付し、少なくともアウトラインは理解してもらえるようにする。

　次に、各人の賃金がどのように変化するのかを説明会開催後すみやかに（遅くとも 3 月初旬までに完了するように）個別面談を行って説明していくこととする。

　現賃金制度を変更するプロセスとして同意を得る必要があり、各人に新賃金がどのような項目、金額になるのかを示した通知書を渡し、同じ内容を明記した同意書を回収する。同意書回収期日の目安は、新賃金制度導入予定日の遅くとも 1 か月前までには完了するよう 3 月中旬に設定する。

　説明会では、制度変更の趣旨やモデルケースによる賃金額の説明となるが、個別面談では自分自身の今後の賃金額が明らかになるため質

問も多くなる。これらに丁寧に対応することで、変化に対しての不安を少しでも解消できるよう努力する。なお、同意書は全数回収することを目標とするが、仮に取得できない場合でも、新賃金体系を全員に適用する。

　その際の賃金制度・個別賃金の通知書ならびに同意書の例（長距離輸送○○氏分）を252、253ページに示す。

　説明会および個別面談が一区切りつく4月初旬に、新賃金制度の内容を盛り込んだ就業規則類の変更手続を行う。従業員代表への就業規則および賃金規程の説明を行い、意見書を取得して所轄労働基準監督署へ4月中旬から下旬までに届出を完了する。この届出済みの就業規則類をドライバーがいつでも閲覧できるよう点呼台横に設置して周知する。

　歩合給の出来高や時間外労働時間数などは、実際に運用してみないとわからない部分があるため、制度導入一定期間後に再確認を行い、当初設計していた内容と大きく異なる結果が出てしまうことがあれば制度の見直しを検討する。ただし、賃金制度をあまり簡単に変更したのではかえって不信感が増すため、どうしても必要な場合に限り見直しを行うこととする。

◆スケジュール

時　期	内　容
2月中旬	【説明会の実施】【質問の受付】 ・原則としてドライバー全員に対して同時に制度変更の説明を行う。 ・質問を受け付ける。
説明会後、順次すみやかに（遅くとも3月初旬までに）	【個別面談】【質問の受付】 ・説明会の内容を忘れてしまう前に、説明会実施後、順次すみやかに全員と個別面談し、新賃金制度の通知書と同意書を説明、配布する。 ・同意書はその場で署名してもらえるのであればその場で回収し、そうでない場合は1週間程度の提出期限を設定する。 ・質問を受け付ける。
3月中旬までに	【同意書の回収】 ・個別面談後、1週間程度のうちに同意書の提出がない方には、催促を行う（なお、同意書の提出がない場合であっても新賃金制度は適用する）。
4月初旬	【就業規則類の変更手続】 ・従業員代表へ新賃金制度の内容を盛り込んだ就業規則および賃金規程の説明を行い、意見書を取得する。
4月中旬〜下旬	【就業規則類の届出】 ・従業員代表の意見書と変更届を添えて、就業規則および賃金規程を所轄労働基準監督署へ届出する。 ・この届出済みの就業規則類をドライバーがいつでも閲覧できるよう点呼台横に設置して周知する。
5月1日〜	新賃金制度導入（賃金算定期間5月1日〜5月末日。6月10日初回支払い）

賃金制度・個別賃金の通知書

○○　○○　　殿

　　　　　　　　　　　　　　　　令和　　年　　月　　日

　　　　　　　　　　　　　　　　　　　□□運輸株式会社

　新賃金規程に基づき、令和　　年　　月　　日支払い分から、貴殿の賃金を下記内容に変更させていただきます。

　　　　　　　　　　　　　　　記

１．月例賃金
　(1)固定的賃金
　　①基本給　　　　１００，０００円（長距離輸送業務）
　　②勤続給　　　　　２１，０００円（勤続１年につき、１千円昇給。上限３万円）
　　③役割手当　　　　　５，０００円（リーダー）
　　④安全手当　　　　２０，０００円（対人・対物無事故、道路交通法無違反の場合）
　　⑤子供手当　　　　２０，０００円（２名分）
　　⑥通勤手当　　　　　８，０００円
　　固定的賃金月計　１７４，０００円

　(2)歩合給
　　①売上金額（円）　　　×　歩率２０％
　　②走行距離（ｋｍ）　　×　　　２円
　　③立ち寄り件数（１件）×　３００円
　　なお、歩合給のうち30％を割増賃金として支給する。

　(3)割増賃金
　　法定労働時間外に勤務した場合に支給する。なお、時間外手当は、基本給＋勤続給＋安全手当＋役割手当＋正味の歩合給【歩合給のうち割増賃金として支給する部分を除いた歩合給】に対する割増賃金のうち、割増賃金として支給する歩合給の30％を除いた部分を別途支払うものとする。

２．出来高払制の保障給
　　実労働時間あたりの固定給と歩合給の合計額が、過去３か月分の固定給と歩合給の合計額をその期間の総労働時間数で除した金額の６割に満たない場合は、その水準に至るまで歩合給を増額支給する。

３．激変緩和措置
　　新賃金制度導入により不利益を生じた場合、それを補てんするために、下記の比率により３年間を限度として調整手当を支給する。
　　新賃金制度による賃金（割増賃金含む）および補てん額（調整手当）の累積額合計が、旧賃金制度の計算による賃金の累積額を下回ることになった場合、下回る分を調整手当として支給する。
　　１年目：月例賃金において、旧制度と新制度の差額の100％を補てんする。
　　２年目：月例賃金において、旧制度と新制度の差額の90％を補てんする。
　　３年目：月例賃金において、旧制度と新制度の差額の80％を補てんする。
　　４年目：補てんなし。

４．その他
　経営環境、業績の激変や勤務成績の著しい不良等があった場合は、上記内容が変更されることがある。

　　　　　　　　　　　　　　　　　　　　　　　　以上

同 意 書

□□運輸株式会社　御中

令和　　　年　　　月　　　日

氏名　　　　○○　○○　　　　印

　新賃金規程への変更、ならびに令和　　　年　　　月　　　日支払い分から賃金が下記内容に変更されることについて、同意します。なお、令和　　　年　　　月　　　日開催の新賃金制度説明会に出席し、新賃金規程に関する説明を受けました。

記

　１．月例賃金
　　（1）固定的賃金
　　　　①基本給　　　　　　　１００，０００円（長距離輸送業務）
　　　　②勤続給　　　　　　　　２１，０００円（勤続1年につき、1千円昇給。上限３万円）
　　　　③役割手当　　　　　　　　５，０００円（リーダー）
　　　　④安全手当　　　　　　　２０，０００円（対人・対物無事故、道路交通法無違反の場合）
　　　　⑤子供手当　　　　　　　２０，０００円（２名分）
　　　　⑥通勤手当　　　　　　　　８，０００円
　　　　固定的賃金月計　　１７４，０００円

　　（2）歩合給
　　　　①売上金額（円）　　　　×　　歩率２０％
　　　　②走行距離（ｋｍ）　　　×　　　　２円
　　　　③立ち寄り件数（1件）　×　　　３００円
　　　　なお、歩合給のうち30％を割増賃金として支給する。

　　（3）割増賃金
　　　　法定労働時間外に勤務した場合に支給する。なお、時間外手当は、基本給＋勤続給＋安全手当＋役割手当＋正味の歩合給【歩合給のうち割増賃金として支給する部分を除いた歩合給】に対する割増賃金のうち、割増賃金として支給する歩合給の30％を除いた部分を別途支払うものとする。

　２．出来高払制の保障給
　　　　実労働時間あたりの固定給と歩合給の合計額が、過去３か月分の固定給と歩合給の合計額をその期間の総労働時間数で除した金額の６割に満たない場合は、その水準に至るまで歩合給を増額支給する。

　３．激変緩和措置
　　　　新賃金制度導入により不利益を生じた場合、それを補てんするために、下記の比率により３年間を限度として調整手当を支給する。
　　　　新賃金制度による賃金（割増賃金含む）および補てん額（調整手当）の累積額合計が、旧賃金制度の計算による賃金の累積額を下回ることになった場合、下回る分を調整手当として支給する。
　　　　１年目：月例賃金において、旧制度と新制度の差額の100％を補てんする。
　　　　２年目：月例賃金において、旧制度と新制度の差額の90％を補てんする。
　　　　３年目：月例賃金において、旧制度と新制度の差額の80％を補てんする。
　　　　４年目：補てんなし。

　４．その他
　　経営環境、業績の激変や勤務成績の著しい不良等があった場合は、上記内容が変更されることがある。

以上

おわりに

　これまでさまざまな企業の賃金設計をサポートさせていただく機会を得てきた。どのケースも簡単ではなかったが、中でもトラック運送業においては、残業代が未払いであったり、手当の支給目的が不明確であったり、恣意的に金額が操作されていたりと、不十分な賃金体系でこれまでよく無事に経営されてきたと驚く事例もあり、そうした状況を改善する賃金制度改革は難しいものが多かった。

　不十分な制度であっても、これまである程度の金額が支払われ、居心地のよいおだやかな労使関係の中でなんとなく成り立ってきたルールをすべて否定するわけではないが、これからの時代あいまいなルールはトラブルを招く可能性がある。

　経営者がよかれと思って上積みで支給した手当であっても、一度受け取ればそれはもう既得権であり、手当を廃止などすれば権利を侵害されたと猛抗議される。世知辛さを感じる。

　私は、労使関係はお互い様だと思っている。経営側は働いてくれる方がいてくれなければ事業が立ち行かなくなるし、働く側も働く場がなければ生活できない。互いが権利ばかりを主張し、義務を押しつける関係に継続性はない。

　本書は賃金設計を正しく行うための手引き書として執筆した。本書を活用していただき、労使の無用なトラブルを防ぎ、経営の理論に基づきながら、働き手のモチベーションを高め、かつ法制度もクリアした賃金設計が行われることを心から願っている。

　最後に、本書の企画から編集にわたってサポートいただいた日本法令の佐藤滋生さん、三木治さん、共著の機会を与えてくれた弊社西川代表に心から感謝申し上げる。

2020年5月　　株式会社ビジネスリンク

取締役　人事コンサルタント　佐藤誠

●著者略歴

西川 幸孝（にしかわ　ゆきたか）

株式会社ビジネスリンク　代表取締役
経営人事コンサルタント
中小企業診断士、特定社会保険労務士
早稲田大学卒業後、商工会議所に入職し、第三セクター
の設立運営などに深く関わる。
2000年経営コンサルタントとして独立。2005年株式会社
ビジネスリンク設立、代表取締役。
2009〜2018年中京大学大学院ビジネス・イノベーション
研究科客員教授。
「人」の観点から経営を見直し、「経営」視点から人事を
考える経営人事コンサルティングに取り組んでいる。
著書に、『中小企業のM＆Aを成功させる人事労務の実践
的手法』（日本法令）、『マネジメントに活かす歩合給制の
実務』（日本法令）、『小さくても「人」が集まる会社』（日
本経済新聞出版社）、『物語コーポレーションものがたり〜
若者が辞めない外食企業〜』（日本経済新聞出版社）があ
る。

佐藤 誠（さとう まこと）

株式会社ビジネスリンク　取締役
人事コンサルタント
特定社会保険労務士、産業カウンセラー、1級ファイナン
シャル・プランニング技能士、運行管理者（貨物）、危険
物取扱者（乙種4類）他
長崎県生まれ、愛知県育ち。産業能率大学卒。
民間大手企業にて売掛等債権管理・与信管理・在庫管
理・システム管理などを担当。
2007年より株式会社ビジネスリンク主任コンサルタント
2018年ビジネスリンク取締役就任
トラック運送業や各種業種の人事制度・賃金制度構築業
務を担当。人事労務面における各種アドバイスや企業経
営者・幹部社員への研修業務などを行う。

| 同一労働同一賃金に対応！ | 令和2年7月10日　初版発行 |
| トラック運送業賃金制度設計の実務 | 令和3年9月10日　初版2刷 |

検印省略

 日本法令 ®

〒 101-0032
東京都千代田区岩本町1丁目2番19号
https://www.horei.co.jp/

共　著	西　川　幸　孝	
	佐　藤　　誠	
発　行　者	青　木　健　次	
編　集　者	岩　倉　春　光	
印　刷　所	日　本　ハ　イ　コ　ム	
製　本　所	国　宝　社	

（営　業）　TEL　03 - 6858 - 6967　　Eメール　syuppan@horei.co.jp
（通　販）　TEL　03 - 6858 - 6966　　Eメール　book.order@horei.co.jp
（編　集）　FAX　03 - 6858 - 6957　　Eメール　tankoubon@horei.co.jp

（バーチャルショップ）　https://www.horei.co.jp/iec/
（お詫びと訂正）　https://www.horei.co.jp/book/owabi.shtml
（書籍の追加情報）　https://www.horei.co.jp/book/osirasebook.shtml

※万一、本書の内容に誤記等が判明した場合には、上記「お詫びと訂正」に最新情報を掲載
　しております。ホームページに掲載されていない内容につきましては、FAX または E
　メールで編集までお問合せください。